Die 10 besten Argumente für dieses Buch

1. Hier sind sie endlich: die besten von über 3500 Listen auf ZEHN.DE
2. Kurioses, Schräges, Erstaunliches, Wissenswertes
3. Von Experten zusammengestellt und auf den Punkt gebracht
4. Schön sortiert und aufgelistet
5. Perfekt zum wilden Blättern
6. Oder gezielt eine Liste suchen (Seite 253)
7. Ohne Vorwort, Widmung und Danksagung
8. Nicht nur für Besserwisser, auch für Klugscheißer
9. Prima als Geschenk
10. oder für unterwegs.

Noch mehr Informationen zu den Listen im Buch sowie viele weitere finden Sie auf: www.zehn.de

Weitere Informationen, auch zu E-Book-Ausgaben, finden Sie bei www.fischerverlage.de

DIE GANZE WELT VON 1 BIS 10

Die 10 aufregendsten Urlaubsziele

Die 10 größten Naturkatastrophen

Die 10 effektivsten Diäten ...

... und viele andere super Listen!

FISCHER Taschenbuch

Erschienen bei FISCHER Taschenbuch
Frankfurt am Main, August 2014

© S. Fischer Verlag GmbH, Frankfurt am Main 2014
Satz: Pinkuin Satz und Datentechnik, Berlin
Druck und Bindung: CPI books GmbH, Leck
Printed in Germany
ISBN 978-3-596-19667-8

Die 10 schönsten Komplimente, die ein Mann einer Frau machen kann

Expertin: Simone Falk, Journalistin

1. **Die Einzige**
   »Ich will im Leben nur einmal heiraten, und du bist die Frau, mit der ich mir das vorstellen kann!«

2. **Mehr als genug**
   »Schön, dass wir endlich mal alleine sind!« Heißt so viel wie: »Ich brauche nur dich zum Glücklichsein, der Rest der Welt stört.«

3. **Bauchgefühl**
   »Dein Kartoffelsalat ist ein Heiratsgrund.« (Steigerung: »… schmeckt besser als der meiner Mutter.«)

4. **Frau mit Stil**
   »Du bist die einzige Frau, an der H&M-Klamotten richtig teuer aussehen.«

5. **Mutter meiner Kinder**
   »Alle anderen Frauen haben mich nur von der Suche nach der Mutter meiner Kinder abgehalten, mit dir habe ich sie gefunden.«

6. **Der Eifersüchtige**
   »Unglaublich, wie frech dir diese Kerle hinterherstarren!«

7. Für Topmodels
»Wenn du über dein Aussehen jammerst, ist das, als würde ich mich beklagen, mein Auto wäre nicht schnell genug.« (Setzt natürlich den Besitz einer Karosse ab 250 PS aufwärts voraus.)

8. J.Lo-Bonus
»Du hast einen so knackigen Hintern, ich könnte ihn den ganzen Tag anfassen.«

9. Langzeit-Effekt
»Ich kenne dich jetzt wirklich durch und durch. Und liebe Dich gerade deshalb.«

10. Schuh-Faktor
»Hm, neue Schuhe, die sind ja sexy!« Schuhe gehen bekanntlich immer, ebenso wie dieses Kompliment.

Die 10 skurrilsten Phobien

Expertin: Andrea Ege, Journalistin und PR-Expertin für Lifestyle, Reise, Fitness & Gesundheit

1. **Clinophobie: Angst, ins Bett zu gehen**
2. **Alliumphobie: Angst vor Knoblauch**
3. **Chaetophobie: Angst vor Haaren**
4. **Ouranophobie: Angst vor dem Himmel**

5. Apotemnophobie: Angst vor Personen mit Amputationen
6. Geniophobie: Angst vor dem Kinn
7. Aulophobie: Angst vor Flöten
8. Parthenophobie: Angst vor Jungfrauen oder jungen Mädchen
9. Panophobie: Angst vor allem
10. Hippopotomonstrosesquippedaliophobie: Angst vor langen Wörtern

Die 10 besten Tipps für eine Gehaltserhöhung

Experte: Klaus Schuster, MBA, Management-Coach, Berater und Bestsellerautor

1. Hol dir 'nen Termin!
»Wie sag ich meinem Vorgesetzten, dass ich mehr Geld möchte?« Die Antwort: erst mal überhaupt nicht. Erst mal sagen Sie ihm, dass Sie einen Termin möchten: »Chef, ich möchte einen Termin für ein Gehaltsgespräch.« Dieser Satz ist so einfach, dass ihn viele Menschen nicht richtig aussprechen können. Sie vergessen oft die letzten drei Worte. Wann immer das meinen Mitarbeitern passierte, habe ich beim Termin getobt: »Sie sagten, Sie wollen einen Termin! Dass es ums Gehalt geht, haben Sie nicht gesagt. Sonst hätte ich mich vor-

bereiten können. Jetzt haben Sie die Wahl: Entweder bin ich jetzt stinksauer auf Sie und schmettere Ihre Bitte gleich ab oder wir vertagen, damit ich mich angemessen vorbereiten kann!«

2. Brich das Eis!

Die häufigste Klage von Menschen, die mehr Geld wollen: »Ich fühle mich dabei wie ein Bittsteller!« Das ist unangenehm. Es wird gleich angenehmer, wenn Sie sich vergegenwärtigen: Ihrem Vorgesetzten geht es ebenso. Wieso? Weil mehr Geld für Sie weniger Geld für ihn bedeutet. Sprich: Sein Budget wird belastet. Und vielleicht ist er sowieso gerade an dessen Oberkante angelangt … Also? Also brechen Sie das Eis. Jawohl: Sie! Nehmen Sie von vornherein das Heft in die Hand. Je besser Ihnen das gelingt, desto weniger fühlen Sie sich als Bittsteller und desto stärker als Dirigent und gewiefter Verhandler. Wie bricht man das Eis? Mit einem unverfänglichen Thema wie Wetter oder Sport. Besser sind seine Hobbys, wenn Sie diese kennen – was sich empfiehlt. Wie von Clausewitz sagen würde: »Kenne deinen Feind!« Jedes unverfängliche Thema ist recht – solange es für ihn nicht unangenehm ist, denn eine negative emotionale Einstimmung mindert natürlich Ihre Erfolgschancen. Aber Vorsicht: Bitte kein Smalltalk! Eine Minute Eisbrechen reicht völlig aus. Dann machen Sie eine kleine Pause, lächeln und sagen einfach und direkt: »Wie Sie wissen, will ich heute mit Ihnen über mein Gehalt reden.«

3. Lass Vergleiche stecken!

»Mama, der Max hat ein Eis bekommen und ich keines!« Wie alt schätzen Sie den Sprecher dieses Vergleiches? Drei bis zwölf Jahre. Und genauso alt schätzt Sie Ihr Vorgesetzter ein, wenn Sie sich mit einem anderen Mitarbeiter vergleichen. Und dann ärgert er sich, dass er ein Kleinkind eingestellt hat. Wenn der Chef fair ist, dann legt er Sie nicht gleich mit nacktem Arsch übers Knie. Wenn er nett ist, sagt er bloß zu Ihnen: »Sie wollen so viel Geld wie der Müller? Dann arbeiten Sie auch so viel!«

4. Mehr Leistung, mehr Geld!

Wissen Sie, womit viele Menschen immer noch ihren Gehaltswunsch begründen? Doch tatsächlich damit: »Wir brauchen mehr Geld. Denn wir sind gerade umgezogen (bauen ein Haus, brauchen einen neuen Kühlschrank, Auto kaputt …) und das zweite Kind ist unterwegs.« Worauf jeder halb gescheite Vorgesetzte doch sofort geradezu zwanghaft antworten muss: »Was kann ich dafür?« Der Chef ist kein Unterhaltsgericht oder Baufinanzierer. Der Chef ist ein – na was? Also so gut sollte man seinen eigenen Chef schon kennen: Er ist Kaufmann. Er denkt kaufmännisch. Also zahlt er für Leistung und nicht für fremden Nachwuchs. Für mehr Leistung zahlt er mehr Geld – aber nur, wenn Sie das exakt so formulieren und belegen. Selbst das klappt meist nicht. Viele Menschen haben das kaufmännische Prinzip nur halb kapiert und zählen daher im Gehaltsgespräch jede verdammte Tätigkeit auf, die sie in den letzten zwölf Monaten erledigt haben. Als ob der Chef das nicht wüsste! Was er dann auch sagt oder denkt. Damit sind Sie durchgefallen.

Also zählen Sie nicht die Zahl Ihrer Leistungen, sondern die Steigerung Ihrer Leistung auf. »Noch vor eineinhalb Jahren habe ich Ihnen 20 Millionen mit fünf Projekten gebracht. Inzwischen bringe ich Ihnen 30 Millionen mit acht Projekten – und kriege immer noch dasselbe Gehalt. Das kann nicht sein.« Wenn Sie gut sind, dann setzen Sie jetzt das absolute Volltreffer-Argument ein: »Ich bringe Ihnen also 50 Prozent mehr ... (Aufträge, Projekte, Kunden – was auch immer). Aber keine Angst: Ich will nicht 50 Prozent mehr Geld! Mit 500 Euro im Monat bin ich schon zufrieden.«

5. Erwartungen erfüllt!

Sie kriegen niemals eine Gehaltserhöhung, wenn der Boss von Ihnen enttäuscht ist. Und das ist er, wenn Sie seine Erwartungen nicht erfüllt haben. Was hat er denn von Ihnen erwartet? Für viele Menschen kommt die Frage unerwartet. Kleiner Tipp: Was hat er denn im jährlichen Mitarbeitergespräch, bei den Zielvereinbarungen oder -vorgaben, in gelegentlichen Feedback- oder gar Kritikgesprächen geäußert? Ich hatte mal einen Coachee, der sich für ein Großprojekt bewarb und auf die bange Nachfrage seines Chefs antwortete: »Aber natürlich hänge ich mich voll rein!« Dann erwischte ihn der Chef dabei, wie er mitten im Projekt drei von fünf Wochentagen schon um 16 Uhr bei sich auf seiner Hausbaustelle fuhrwerkte. Das verstand er also unter voll reinhängen? Als er nach erfolgreichem Projektende die verdiente Gehaltserhöhung einforderte, fragte der Chef: »Wofür? Dafür, dass Sie jeden Tag um drei schon bei sich auf dem Bau waren?«

6. Sag »wir«!

»Ich habe das gemacht und ich habe jenes gemacht und dann habe ich auch noch das gemacht.« Ich, ich, ich. Jeder Vorgesetzte denkt dabei: »Hältst du mich für einen Volltrottel? Glaubst du nicht, dass ich weiß, wie viel von den Leistungen, mit denen du dich hier brüstest, dein Team oder deine Kollegen eingebracht haben?« Also sagen Sie häufiger »wir«. Dass Sie dabei Ihre ureigenen Leistungen herausstreichen, versteht sich von selbst. Aber eben nicht an erster Stelle und auch nicht ausschließlich. Der Chef weiß so ungefähr, was Sie leisten und dass Sie im Grunde mehr Geld verdient hätten. Und er würde es Ihnen auch gerne geben, wenn Sie klug argumentieren – aber nicht, wenn Sie sich wie ein aufgeblasener Angeber aufführen!

7. Was ist dein Plan B?

Wer nur mit »1000 Euro mehr!« in ein Gehaltsgespräch reingeht, hat schon verloren. Denn ein Chef sagt selten auf Anhieb und zu allem ja und amen. Wenn er auch nach Ihrer Leistungsbegründung (siehe Listenpunkte vier bis sechs) das Geld nicht rausrücken und Sie runterhandeln möchte – oder gleich nein sagt –, dann ziehen Sie Ihren Plan B heraus. Haben Sie nicht? Haben die wenigsten. Nur die wenigen, die immer kriegen, was sie wollen. Je mehr Optionen Sie einbringen, desto besser. Seien Sie kreativ! Sammeln Sie Alternativen zu »Mehr Geld!« Denken Sie zum Beispiel an einen besseren Firmenwagen, eine Direktversicherung, mehr Freizeit, bessere Arbeitsmittel (Stichwort: Edel-Notebook), Luxusschulungen, einen gesponserten MBA oder Firmenanteile. Tipp: Eine Prämie oder einen Bonus bezahlt der Chef im Prinzip lieber als mehr Gehalt, weil er beides nur einmal bezahlen muss und beides seine Gehaltsstruktur nicht durcheinanderbringt. Denn der Chef ist meist an ein Gehaltsschema gebunden, das er nicht verlassen darf. Und wenn der Chef trotz allem zu allem nein sagt? Dann werden Sie zum Terminator!

8. Das Terminator-Rezept

Es ist selten, dass ein Vorgesetzter einen vorgetragenen Gehaltswunsch rundheraus abschmettert. Meist liegt der Grund nicht beim Chef, sondern beim Vortragenden selber: Er hat schlecht argumentiert, gegen einen oder mehrere der zehn Tipps verstoßen. Aber egal, woran es liegt: Was machen Sie dann? Den Schwarzenegger. Bei der nächstbesten Gelegenheit vereinbaren Sie wieder einen Termin: Steter Tropfen höhlt den Stein. Sagt dann der Chef nicht: »Sie schon wieder!«? Nein. Denn Sie werden ihm zuvorkommen, indem Sie sagen: »Ja, ich schon wieder. Sie dachten jetzt nicht wirklich, dass die Sache für mich erledigt ist? Ich leiste mit jedem Tag mehr und bekomme immer noch dasselbe. Das muss geregelt werden.« Klingt einfach und wird nicht gemacht. Die meisten drohen, wenn sie sauer sind: »Wenn ich nicht mehr Geld bekomme, mache ich eben Dienst nach Vorschrift.« Der Chef muss als Alphatier auf die Drohung reagieren und sagen oder denken: »Ja, mach mal. Dann mahne ich dich ab und schmeiß dich raus!« Auch die ultimative Drohung: »Ich habe ein Angebot von Unternehmen XY. Die zahlen mir mehr« ist nicht ultimativ, sondern ultimativ dämlich. Denn der Vorgesetzte weiß genau, wenn das Angebot so gut wäre, wie Sie sagen, würden Sie jetzt kein Gehaltsgespräch führen, sondern die Kündigung einreichen, und würde erwidern: »Dann möchte ich Sie nicht aufhalten!«

9. Lass dich nicht foppen!

»Hat nicht geklappt. Die Firma kann sich das gerade nicht leisten.« Viele glauben doch tatsächlich, das sei eine Absage! Nein, das ist eine Aufforderung zum Widerspruch! Und der Widerspruch lautet nicht: »Ich brauche das Geld aber!« oder »Davon geht die Firma nicht bankrott!« Der Widerspruch, der den Stich macht, lautet: »Moment mal. Ich bringe der Firma mehr, bekomme aber nicht mehr. Wohin geht denn das Mehr, das ich bringe? Ich will nichts, was mir nicht zusteht. Ich will lediglich das, was ich verdient habe. Das ist nur gerecht und fair.« Jetzt muss der Chef wieder was erwidern. So läuft das: Bleiben Sie niemals eine Antwort schuldig. Deshalb heißt das »Gehaltsverhandlung«. Sie müssen verhandeln. Also lassen Sie sich nicht von müden Argumenten Ihres Vorgesetzten foppen. Rechnen Sie damit. Und legen Sie sich lange vor dem Gespräch die passenden Gegenargumente zurecht.

10. Bitte keinen Freudentanz!

Nach erfolgreichem Gehaltsgespräch können einige ihre berechtigte Freude nicht verbergen und hüpfen schon im Büro des Vorgesetzten und dann spätestens auf den Gängen freudestrahlend wie ein Flummi herum. Viele sagen auch: »Danke, danke, danke Chef! Ab sofort hänge ich mich doppelt rein!« Was denkt der Chef dabei? Er denkt: »Wenn der sich so freut, dann hat er nicht damit gerechnet, dass ich ja sage! Und ich Idiot sage ja! Das nächste Mal sage ich nein.« Also feiern Sie nicht beim Chef und fallen ihm um den Hals, sondern feiern Sie in der Kneipe, und fallen Sie Ihren Liebsten um den Hals.

Die 10 blödesten Sprüche, mit denen Erwachsene Kinder nerven

Expertin: Julia D'Acunto, Redakteurin und Übersetzerin

1. **Hör auf zu schielen, sonst bleiben deine Augen so stehen!**
2. **Vom Fernsehen und Computerspielen kriegt man viereckige Augen!**
3. **Wenn du alles aufisst, dann gibt es morgen gutes Wetter!**
4. **Ein Indianer kennt keinen Schmerz!**
5. **Meine Eltern hätten mich früher dafür windelweich geschlagen!**
6. **Ein Junge weint doch nicht!**
7. **Solange du deine Füße unter meinen Tisch streckst, sage ich, wo es langgeht!**
8. **Das erklär ich dir, wenn du groß bist!**

9. Was sollen denn die Leute denken!?
10. Du brauchst keine Angst zu haben!

Die 10 hartnäckigsten Irrtümer über das Abnehmen

Expertin: Sonja Helms, freie Journalistin Ernährung und Genuss

1. **Sehr wenig essen, um schnell abzunehmen**
Drei Kilo pro Woche? Vier? Je unsinniger das Versprechen, desto besser scheint es sich zu verkaufen. Wer aber wirklich abnehmen und sein neues Gewicht halten möchte, wird mit Blitzdiäten wenig erreichen. Zum einen lässt sich die niedrige Kalorienzufuhr und oft einseitige Ernährung, zu denen solche Methoden führen, auf lange Sicht nicht halten. Zum anderen passiert Folgendes: Der Körper stellt sich auf die geringe Energiezufuhr ein, er kommt mit weniger aus. Wenn Sie aber nach Ende der Diät wieder zu alten Essgewohnheiten zurückkehren, läuft der Körper noch auf Sparflamme – und Sie haben die mühsam abgehungerten Kilos schneller wieder auf der Hüfte, als Ihnen lieb ist. Wer es dann mit einer weiteren Blitzdiät versucht, fördert den sogenannten Jo-Jo-Effekt.

2. Fünf kleine Mahlzeiten sind besser

»Fünf kleine, statt drei große Mahlzeiten« – dieser Mythos ist ein Klassiker. Und man kann es nur gebetsmühlenartig wiederholen: Entscheidend ist die Energiebilanz. Ob Sie die Kalorien nun auf drei oder fünf Mahlzeiten verteilen, entscheiden Sie am besten selbst, denn auch die Experten sind sich diesbezüglich nicht einig. Manche sind der Meinung, dass zu viele Mahlzeiten und Snacks den Gesamtinsulinspiegel im Blut ansteigen lassen, und das fördere den Aufbau von Fettgewebe. Andere sagen, dass jene, die fünf Mahlzeiten zu sich nehmen, seltener hungrig seien und bei kleineren Mahlzeiten weniger Insulin ausgeschüttet werde. Sie kennen sich am besten: Wenn Sie dazu neigen, große Portionen zu essen, sollten Sie sich Snacks zwischendurch verkneifen, vor allem die allzu süßen und kalorienhaltigen.

3. Light-Produkte machen nicht dick

Wer meint, es gebe Produkte, die er bedenkenlos in egal welcher Menge zu sich nehmen kann, weil sie nur »leicht« oder »light« sind, irrt gewaltig. Einerseits verführen sie zu bedenken- und gedankenlosem Essen, eben weil viele glauben, dass sie davon nicht zunehmen. Andererseits bedeuten diese Begriffe nicht unbedingt, dass ein Produkt kalorienarm ist. Sie können dafür stehen, dass an Zucker, Fett, Alkohol oder Koffein gespart wurde. Ein vermeintlicher Light-Joghurt kann somit zwar wenig Fett, dafür aber jede Menge Zucker enthalten, damit er überhaupt schmeckt.

4. Lebensmittel mit »Negativ-Kalorien« essen
Es gibt keine »Negativ-Kalorien« und damit auch keine Lebensmittel, bei denen der Körper mehr Energie für die Verdauung aufwenden muss, als sie an Energie (= Kalorien) enthalten. Gewichtsverlust ergibt sich nur bei entsprechend negativer Energiebilanz. Und die bezieht sich darauf, was Sie zuführen und durch körperliche Aktivität verbrauchen. Was es aber gibt, sind Lebensmittel mit unterschiedlich hoher Energiedichte. Manche Lebensmittel haben bei gleichem Volumen deutlich weniger Kalorien. Dazu zählen – Überraschung! – Obst und Gemüse.

5. Fatburner helfen, schlank zu werden
Es wäre allzu schön, wenn es tatsächlich Lebensmittel gäbe, die dabei helfen, sein Wunschgewicht zu erreichen. Aber Moment mal! Die gibt es, und zwar in großer Vielfalt! Man nennt sie Gemüse und Obst. Die sollten Sie vielleicht nicht unbedingt mit Unmengen von Kohlenhydraten und Fett essen, wenn Sie Ihr Gewicht reduzieren möchten. Grundsätzlich sind sie aber sehr zu empfehlen. Sogenannte »Fatburner«, die oft als Wundermittel angepriesen und in Form von Pulvern, Riegeln oder Sonstigem verkauft werden, entbehren jeder wissenschaftlichen Grundlage, jedenfalls wenn man seriöse Wissenschaftler fragt.

6. Schlankheitspillen unterstützen die Diät
Abnehmwillige bekommen sie in Apotheken oder im Internet, und alle versprechen dasselbe: dass man mühelos überflüssige Pfunde verlieren kann, wenn man nur

diese Pillen einnimmt. Manche dieser Mittel sollen den Appetit zügeln, andere den Stoffwechsel ankurbeln oder entwässernd wirken. Was vermeintlich einfach klingt, ist nicht selten äußerst riskant. Die Stiftung Warentest hat schon oft gewarnt vor fragwürdigen Schlankheitspillen, und doch fallen immer wieder Menschen darauf herein. Die Mittel können aus Asien stammen, aus China etwa oder Indonesien, aus den USA oder aus anderen Ländern. Oft sind Wirkstoffe nicht deklariert oder es fehlt die Packungsbeilage. Einige Produkte haben gefährliche Nebenwirkungen und mussten wegen Leberschäden oder Herz-Kreislauf-Problemen vom Markt genommen werden. Ansonsten können Herzrasen, Schlaflosigkeit und Unruhe auftreten, der Blutdruck kann ansteigen. Manche Mittel machen auch süchtig.

7. Abführmittel helfen beim Abnehmen

Vor allem Frauen glauben, wenn sie Abführmittel einnehmen, könnten sie essen, was sie wollen, und die Pfunde purzelten nur so. Das ist ein Irrtum, noch dazu ein gefährlicher, denn langfristig kann das Medikament den Darm schädigen. Bei Überdosierung verursacht es Durchfall, was den Elektrolythaushalt stört und dazu führt, dass der Körper wichtige Nährstoffe verliert, zum Beispiel Kalium. Außerdem wirkt ein Abführmittel meist nur im Dickdarm – die Kalorien sind dann längst aufgenommen, weil das schon im Dünndarm erfolgt. Außerdem: Wer zu lange Abführmittel einnimmt, kann sich allzu sehr daran gewöhnen, so dass der Körper sich nicht mehr selbst helfen kann. Die Folge ist eine chronische Verstopfung.

8. Wer Sport treibt, kann viel essen

Zunächst einmal ist richtig, dass regelmäßige Bewegung gut und wichtig für den Körper ist, in vielerlei Hinsicht. Ob ein bisschen Joggen oder Krafttraining aber ausreicht, um den angefutterten Speck wieder loszuwerden, sei mal dahingestellt. Oft wird der Energieverbrauch durch Sport überschätzt. Es ist sicher eine Frage der Intensität, aber die wenigsten Couch-Potatoes bewegen sich plötzlich so viel, dass es im wahrsten Sinne des Wortes ins Gewicht fällt. Dazu kommt, dass etwas Sport auch zum Mehressen verleiten kann, nach dem Motto: Ich habe schließlich trainiert. Es bleibt dabei: Am effektivsten ist das so oft wiederholte Kombi-Programm aus mehr Bewegung, und zwar regelmäßiger, und einer geringeren Kalorienaufnahme, ohne zu hungern.

9. Fettarme Kost macht gesund und schlank

Manche Irrtümer halten sich besonders lange, auch unter Forschern und Experten, obwohl es Studien gibt, welche die Faktenlange verändern und zum Umdenken anregen sollten. Vielleicht liegt es am Namen, dass Fett seinen schlechten Ruf nicht loswird. Dabei ist dieser Stoff lebensnotwendig für den Körper. Vor allem die ungesättigten Fettsäuren braucht er, weil er diese nicht selbst herstellen kann. Gesundes Fett finden Sie in fettreichen Fischen wie Lachs oder Hering, in Nüssen und kaltgepresstem Öl. Meiden sollten Sie tatsächlich die gehärteten Fette, die vor allem in Knabbereien, Fertiggerichten, Fastfood und Gebäck enthalten ist – die machen dick. Ansonsten zeigen zahlreiche Untersuchungen, dass eine fettarme Kost weder dünner macht, noch gesünder ist. Seit einigen Jahren gibt es immer mehr Hinweise darauf, dass es eher ratsam ist, die Menge an Kohlenhydraten zu reduzieren, weil diese die Bauchspeicheldrüse dazu anregt, Insulin auszuschütten. Und während Zucker in die Zellen transportiert wird, ist die Fettverbrennung blockiert. Überdies verwandelt der Körper einen Überschuss an Kohlenhydraten in, tja, Fett.

10. Abnehmen ist nur etwas für Asketen
Die überflüssigen Pfunde kommen nicht von irgendwoher, so viel ist sicher. Sie wieder loszuwerden erfordert in der Regel eine dauerhafte Umstellung der Ernährung und gewisser Vorlieben – das kann zunächst unbequem sein. Das bedeutet aber nicht, dass Sie sich ab sofort für immer und ewig alles, was Ihnen schmeckt, versagen müssen. Nie wieder Currywurst? Nie wieder Kuchen und Kekse? Wer so denkt, hat ein Problem, denn je größer die Qual und je länger die Verbotsliste, desto schneller wird man rückfällig und wirft alle guten Vorsätze über Bord. Statt sich den Verzicht vor Augen zu halten, ist es viel mehr entscheidend, ein neues Verständnis und ein neues Gefühl für Ihren Körper und für Genuss zu entwickeln. Das kann eine Weile dauern, aber geben Sie sich diese Zeit. Viele, die erfolgreich abgenommen haben, berichten, dass Ihnen jetzt andere Dinge schmecken als früher – der Genuss ist nicht verschwunden, sondern hat sich verlagert. Und wer sich einmal daran gewöhnt hat, seinem Körper ausreichend Bewegung zu gönnen – jawohl, gönnen, das ist etwas Gutes! –, der wird es nicht mehr missen wollen. So etwas kann man auch genießen.

Die 10 berühmtesten Filmzitate aller Zeiten

Experte: Volker Bergmeister, TV-Kritiker

1. »Ehrlich gesagt, meine Liebe, das ist mir egal.« – »Frankly, my dear, I don't give a damn.«
   Aus: Vom Winde verweht

2. »Ich werde ihm ein Angebot machen, das er nicht ablehnen kann.« – »I'm going to make him an offer he can't refuse.«
   Aus: Der Pate

3. »Ich schau dir in die Augen, Kleines.« – »Here's looking at you, kid.«
   Aus: Casablanca

4. »Möge die Macht mit dir sein.« – »May the force be with you.«
   Aus: Krieg der Sterne

5. »Redest du mit mir?« – »You talkin' to me?«
   Aus: Taxi Driver

6. »Ich komme wieder.« – »I'll be back.«
   Aus: Der Terminator

7. »Ich liebe den Geruch von Napalm am Morgen.« – »I love the smell of napalm in the morning.«
Aus: Apocalypse Now

8. »Wir sind im Auftrag des Herrn unterwegs.« – »We're on a mission from god.«
Aus: Blues Brothers

9. »Meine Mama hat immer gesagt, das Leben ist wie eine Schachtel Pralinen. Man weiß nie, was man kriegt.« – »Mama always said life was like a box of chocolates. You never know what you're gonna get.«
Aus: Forrest Gump

10. »E.T. nach Hause telefonieren.« – »E.T. phone home.«
Aus: E. T. – Der Außerirdische

Die 10 ausgeprägtesten Singletypen

Expertin: Lisa Fischbach, Diplom-Psychologin, Single- und Paarberaterin von ElitePartner.de

1. Die Pechvögel
49 Prozent der in einer Studie von Elitepartner.de befragten Singles hatten bis jetzt schlichtweg noch kein Glück mit der Suche nach dem richtigen Partner: 50 Prozent

der Frauen und 48 Prozent der Männer hätten gern eine Beziehung, lernen auch regelmäßig neue Menschen kennen, sagen aber von sich, dass der oder die Richtige einfach noch nicht dabei war.

2. **Die Anspruchsvollen**
Blond, blaue Augen, romantisch, treu, ehrlich, gutsituiert, beruflich erfolgreich – so in etwa könnte die Kriterienliste der »Anspruchsvollen« aussehen, die der ideale Partner erfüllen muss. 41 Prozent der Befragten gehören zu dieser Gruppe. Ihnen stehen die hohen Ansprüche im Weg: Sie möchten zwar gerne einen Partner, aber keiner genügt ihren Wünschen.

3. **Die Gehetzten**
Job, Familie, Hobbys, Freunde – es ist nicht einfach, alles unter einen Hut zu bekommen und sich aktiv um die Suche nach einer neuen Liebe zu kümmern. 36 Prozent der Befragten gaben an, dass sie einfach zu viel zu tun haben, um sich der Partnersuche zu widmen.

4. **Die Schüchternen**
Auf der Straße, im Bus, im Supermarkt oder in der Bar ist ihnen der vermeintlich ideale Partner schon oft über den Weg gelaufen, doch 17 Prozent der Befragten trauen sich einfach nicht, ihn oder sie anzusprechen. Interessant ist, dass die Schüchternheitsfalle eher die Männer zu belasten scheint: 29 Prozent der Männer, aber nur zehn Prozent der Frauen sehnen sich nach einer Beziehung, trauen sich aber nicht, auf jemanden zuzugehen.

5. Die Einsamen

Für 16 Prozent ist es schwierig, den richtigen Partner zu treffen, weil sie nur selten ausgehen. Zu den »Einsamen« zählen eher Männer: 21 Prozent der männlichen Befragten, aber nur 14 Prozent der weiblichen sagen, dass sie nur wenige Freunde haben, selten ausgehen und aus diesem Grund niemanden kennenlernen, der ihnen gefällt.

6. Die Selbstbewussten

Ein gesundes Selbstbewusstsein wirkt sich meistens positiv auf die Partnersuche aus. Doch 13 Prozent sehen genau das als Krux und denken, dass sie andere mit ihrem Selbstbewusstsein abschrecken könnten und deshalb keinen Partner finden. Dieses Phänomen trifft eher auf Frauen zu: 19 Prozent der weiblichen Befragten, aber nur vier Prozent der männlichen führen ihr Singledasein auf ihr großes Selbstbewusstsein zurück.

7. Die Trauernden

Um etwas Neues anfangen zu können, sollte man erst mit dem Alten abschließen. Das finden auch zwölf Prozent der befragten Singles und geben an, dass sie noch an ihrer alten Beziehung hängen und aus diesem Grund noch nicht bereit für einen neuen Partner sind.

8. Die Armen

Neun Prozent der befragten Singles meinen, dass sich keiner in sie verliebt, weil sie zu wenig Geld haben. Diesen Singletyp findet man vor allem beim männlichen Geschlecht: 13 Prozent der Männer, aber nur sieben

Prozent der Frauen fühlen sich durch ihre schlechte finanzielle Situation gehemmt und denken, dass diese einer Partnerschaft im Wege steht.

9. Die Hässlichen
Neun Prozent der Befragten sagen, dass sie Single sind und den richtigen Partner bis jetzt noch nicht gefunden haben, weil sie nicht attraktiv genug sind. Dieser Singletyp kommt eher bei Männern vor: 14 Prozent der männlichen Befragten, aber nur sechs Prozent der weiblichen finden sich nicht attraktiv genug, um jemanden kennenzulernen.

10. Die Überzeugten
Die Freiheit und Unabhängigkeit voll ausnutzen, keine Diskussionen um Abwasch und herumliegende Klamotten in der Wohnung – immerhin acht Prozent der Befragten schätzen die Vorteile des Singledaseins. Sie sind überzeugte Solisten und möchten im Moment keine neue Partnerschaft eingehen.

Die 10 schönsten Strände an der deutschen Ostsee

Experte: Wolfgang Breuer, freier Journalist

1. Prerow, Darß
Bis zu 100 Meter breit, zieht der Strand sich fünf Kilometer entlang der Prerower Bucht, mit weißem, feinkör-

nigem Sand und glasklarem Wasser. Besonders schön ist der urwüchsige Weststrand, wo sich Wald und Meer treffen und Stürme die Natur bizarr geformt haben.

2. Probstei
Der Strand beginnt im schleswig-holsteinischen Laboe und zieht sich 20 Kilometer lang über die Ostseebäder Stein, Wendtorf, Heidkate und Schönberg bis hin zum Süß- und Salzwasserbiotop bei Stakendorf.

3. Timmendorfer Strand
Natürlich sollte erwähnt werden, dass der Timmendorfer Strand sechs Kilometer lang, feinsandig und zum Wasser flach abfallend ist. Wichtiger ist aber die Promenade, die sich an Meer und mehr oder minder geschmackvollen Villen entlangzieht, wobei manchmal asiatische Teehäuser mit friesischen Bauernkaten konkurrieren.

4. Ahlbeck/Insel Usedom
Europas längste Strandpromenade: Acht Kilometer lang kann man von Bansin über Heringsdorf nach Ahlbeck an der Ostsee entlangflanieren.

5. Heiligendamm
1793 wurde dem damaligen Herzog von Mecklenburg-Schwerin, Friedrich Franz I., von seinem Leibarzt Professor Dr. Samuel Gottlieb Vogel geraten, am »Heiligen Damm« in der Ostsee ein Bad zu nehmen – das erste deutsche Seebad war geboren. Schnell sprach sich herum, dass das Baden im Ostseewasser und das Atmen der Ostseeluft eine heilsame Wirkung haben.

6. Binz/Prora, Rügen

Der Strand an der Prorer Wiek, dieser Meeresbucht zwischen Binz und Sassnitz, ist von feinster Qualität. Man kann ihn genießen, ohne ständig den »Koloss von Prora«, die fünf Kilometer lange »Kraft durch Freude«-Anlage, die in der Zeit des Nationalsozialismus von 1936 bis 1939 dort für geplant 20 000 Urlauber errichtet wurde, vor Augen zu haben, denn ein breiter Dünen- und Waldgürtel trennt Badefreuden und Betonblöcke.

7. Hiddensee

Eine Insel, die vom Künstlerimage lebt, seit Gerhart Hauptmann dort wohnte – und die ihrer Zeit weit voraus ist, weil es dort keine Autos gibt: Hiddensee ist in den besten Stunden (nämlich dann, wenn es wenig Tagesausflügler gibt) noch immer ein Kleinod in der Ostsee, mit wunderbaren Stränden in Neuendorf und Vitte, wo die Dünenheide ans Meer grenzt.

8. Kühlungsborn

Das größte Ostseebad Mecklenburgs nennt sich gern »Grüne Stadt am Meer«, weil dort nicht nur der Stadtwald, sondern auch der Buchenwald auf dem Höhenzug »Kühlung« Schatten und Schutz bieten. Sechs Kilometer Strand garantieren Badevergnügen, der 2004 eröffnete Yachthafen bietet dazu einen idealen Ausgangspunkt für einen Ostseetörn.

9. **Warnemünde**
Der Warnemünder Strand erstreckt sich über eine Länge von circa 15 Kilometern und ist teilweise über 100 Meter breit – in Warnemünde und Markgrafenheide feinsandig, in den Bereichen Wilhelmshöhe und Diedrichshagen naturbelassen und steiniger.

10. **Hohwachter Bucht**
Der Strand bei Hohwacht ist keine strahlende Schönheit, aber gerade das macht seinen Reiz aus: Er kommt ganz natürlich daher, manchmal auch mit ein paar Kieseln – und wenn man sich den Zeh verstaucht hat, setzt man sich an den Kiosk und trinkt ein Bier, bis der Schmerz vergessen ist. Oder man fährt mit dem Tretboot ein wenig auf die Ostsee hinaus und träumt davon, wie schön auch das einfache Leben sein kann.

Die 10 effektivsten Anti-Kater-Tipps nach einer durchfeierten Nacht

Expertin: Ariane Häusler, Beauty- und Wellnessredakteurin des People- und Lifestylemagazins Gala

1. **Heiße Zitrone**
Nichts ist schlimmer, als mit zu viel Umdrehungen im Bett zu liegen und sich trotz größter Müdigkeit vor lauter Schwindel nicht zu trauen, die Augen zuzumachen. Dann hilft es, am besten noch vor dem Schlafen »heiße Zitrone« zu trinken. Das Wasser gleicht den Flüssigkeitsver-

lust aus, das Vitamin C versorgt den Körper mit einem Booster an Abwehrstoffen. Rezept: Eine Zitrone auf einen Viertelliter abgekochtes Wasser – bei Bedarf können Sie das Ganze mit Honig süßen.

2. Osmoseprinzip

Wenn es eine Erkenntnis aus dem Biologieunterricht gibt, die man praktisch umgesetzt in den Alltag integrieren kann, dann ist es das osmotische Prinzip: ein 60-minütiges Bad mit hohem Salzgehalt, das Stoffwechsel-Endprodukte über Haut und Haare ausleitet.

3. Gesichtsmaske

Um auch dem Teint in kurzer Zeit wieder gepflegt auf die Sprünge zu helfen, sind multipel wirkende Gesichtsmasken verlässliche Beauty-Spender. Zehn Minuten können wirklich Unglaubliches vollbringen. Am besten sind kombinierte Formeln, die entschlacken, porentief reinigen, polieren und die Haut dabei auch noch mit Feuchtigkeit versorgen.

4. Frischer Duft

Grapefruit- oder Zitrusaromen sind wirksame Duftfavoriten, wenn es darum geht, wieder auf einen gestärkten Gute-Laune-Modus zu kommen. Man kann sie in einer Duftlampe oder, noch professioneller, per elektrischem Diffusor im Raum verbreiten. Wichtig dabei ist, dass es sich um organische ätherische Öle handelt.

5. Richtig Atmen

Bei einem guten Pilates-Trainer lernt man die Zwerchfellatmung. Schon ein paar bewusst durchgeführte tiefe Atemzüge können für spürbar mehr Energie sorgen. Beim Einatmen müssen die Bauchmuskeln locker bleiben, damit das Zwerchfell die umliegenden Organe massieren kann. Der Bauch wölbt sich dann nach vorne. Beim Ausatmen drücken Sie den Bauch assoziativ an die Wirbelsäule und pressen die verbrauchte Luft vollständig aus den Lungen.

6. Spazieren gehen

Auch wenn es größte Überwindung kostet: Um etwas Bewegung an der frischen Luft kommt man bei einem energetischen Reload-Manöver nicht vorbei. Schon 30 Minuten strammes Gehen genügen, um den Stoffwechsel anzukurbeln.

7. Selbstmassage

Kaum etwas ist heilsamer als eine Massage. Sie löst Verspannungen und regeneriert besonders müdes Haut- und Muskelgewebe. Wer keinen Profi zur Hand hat, kann sich mit Hilfe eines Tennisballs massieren.

8. Zaubertrick

»Viparita Karani«, eine Übung aus dem Yoga, wirkt mit wenig Aufwand extrem vitalisierend: Legen Sie sich am Boden auf den Rücken und lehnen die Beine ausgestreckt an die Wand, Ihr Po stößt dabei an die Wand, und der Körper ergibt somit von der Seite eine L-Form. Halten Sie die Beine etwa zehn Minuten im 90-Grad-Winkel hoch gestreckt. Das venöse Blut fließt zurück und entlastet so Herz und Lunge, die erhöhte Sauerstoffaufnahme regt den Stoffwechsel und somit die Zellerneuerung an. Außerdem wird die Gehirnaktivität angeregt, der Kopf wird wieder klarer.

9. **Energy Food**
   Als absolute Powerfrucht gilt die Gojibeere aus dem Himalaya. Sie zählt zu den nährstoffreichsten Früchten und wird sogar in der Traditionellen Chinesischen Medizin immer dann eingesetzt, wenn ein extrem niedriger Energielevel ausgeglichen werden soll. Sie ist reich an Aminosäuren, Vitamin A, B1, B2, C, E und hat 21 Spurenelemente. Ihr Geschmack ist süß mit einer herb-bitteren Note. Seit kurzem gibt es sie auch bei uns in Europa – schauen Sie einfach in Reformhäusern vorbei.

10. **Spaßmaßnahmen**
    Den ultimativen energetischen Uplift kann man beim Lachen erzielen. Aus der Gelotologie (Lachforschung) weiß man, warum: Stresshormone werden abgebaut, körpereigene Opiate und Endorphine freigesetzt. Der Entspannungszustand der Muskeln nach einem Lachanfall entspricht dem Zustand während des Schlafens. Dabei werden nicht nur die Selbstheilungskräfte des Körpers mobilisiert, sondern auch insgesamt 80 verschiedene Muskeln trainiert.

Die 10 scheidungsträchtigsten Berufe im Überblick

Experte: Stefanie Matulat, Romanautorin, freie journalistische Mitarbeiterin

1. Tänzer und Choreografen (43,05 Prozent)
2. Barkeeper (38,43 Prozent)
3. Masseure (38,22 Prozent)
4. Croupier (34,66 Prozent)
5. Maschinenführer (32,74 Prozent)
6. Spielkasino-Mitarbeiter (31,34 Prozent)
7. Fabrikarbeiter in der Lebensmittel- und Tabakindustrie (29,78 Prozent)
8. Callcenteragenten (29,30 Prozent)
9. Krankenpfleger (28,95 Prozent)
10. Entertainer und Schauspieler (28,49 Prozent)

Die 10 unglücklichsten Lottomillionäre

Expertin: Sophie Eriksson, freie Autorin

1. **Walter Knoblauch**
   Die Liste beginnt mit dem einzigen Nicht-Millionär. Nichtsdestotrotz muss er Erwähnung finden, schließlich ist Walter Knoblauch der erste deutsche Großgewinner in

der Geschichte des Lottos. Als er 1956 eine halbe Million Mark beim Berliner Zahlenlotto gewann, war das für den damaligen Hausierer, der mit Bürsten und Schnürsenkeln handelte, eine unvorstellbar hohe Summe – gerade zu dieser Zeit. Er legte auch gleich 50 000 Mark in einen Bungalow an und kaufte mehrere Autos. Auch seine Hochzeit ließ er sich eine Menge Geld kosten, unter anderem mit einem Brautkleid für seine Freundin Elisabeth, das dem der britischen Königin nachempfunden war. Zehn Prozent seines Gewinnes verteilte er an Menschen aus seiner Umgebung, weil diese behaupteten, arm zu sein. Weitere 100 000 Mark investierte er in ein Hotel, das mehr schlecht als recht lief und keinerlei Ertrag abwarf. Als nach nur drei Monaten die Konzession entzogen wurde, hängte Knoblauch ein Schild an die Tür: »Wegen Reichtum geschlossen«. Zwar gewann er noch ein weiteres Mal im Lotto, diesmal 300 000 Mark, gab das Geld aber für Feiern, Festgelage, Ausflüge und Alkohol aus. Binnen kürzester Zeit war der Reichtum verbraucht, und das Ehepaar musste in ein Obdachlosenasyl umsiedeln. Walter Knoblauch verdingte sich wieder als Bürstenhändler, bis ihn ein Schlaganfall an den Rollstuhl fesselte. Er starb 1995 verarmt und als Witwer.

2. Heinz W.

1974 wurde Heinz W. der erste deutsche Lottomillionär, nachdem die Gewinn-Obergrenze von 500 000 Mark aufgehoben worden war. Seine Frau und er feierten nicht überschwänglich und hielten den Gewinn geheim. Das Wichtigste für sie waren ihre kleine Tochter und der Nachwuchs, der bald darauf zur Welt kommen sollte. Allerdings blieb das Geheimnis nicht lange eines. Bereits wenige Tage später spürte ein Boulevardblatt den Lottogewinner auf und berichtete über die angeblichen Zukunftspläne der jungen Familie. Danach wurden sie von Medien, Bittstellern und falschen Anlageberatern belästigt. Heinz W. vertraute falschen Anlegern, investierte in eine Tankstelle und stieg ins Immobiliengeschäft ein. Nachdem das Geld weg war, nahm er wieder eine Stelle als Verkaufsfahrer an. Nach schwerer Krankheit und gescheiterter Ehe lebt er nun von einer kleinen Rente.

3. Petra und Hans-Joachim Bubert

Mit dem Gewinn von acht Millionen Mark traf es mit Petra und Hans-Joachim Bubert aus Schleswig-Holstein 1994 eigentlich die Richtigen. Die gelernte Friseurin und der Betreiber eines Angelteiches hatten eine kleine Familie gegründet und waren hochverschuldet. Der Gewinn kam gerade recht, um das Leben der Familie ins Reine zu bringen. Sie hatten aber nicht mit der Habgier und den trickreichen Strategien ihrer Umgebung gerechnet. Die Anfragen nach Geld wurden als Bitte oder gar als Forderung gestellt. Vom Rest wurden Grundstücke, Autos und Häuser gekauft, ebenso ein Ponyhof und ein riesiger Angelteich. Weiteres Geld wurde in Aktien und Immobilien angelegt – und verschwand auf Nimmerwiedersehen. An dem Stress um den Millionengewinn wäre die Ehe der Buberts beinahe zerbrochen.

4. Rainer M.

Bei einem weiteren Glückskind handelt es sich um einen Parkettverleger, der im Jahr 1994 mit sechs Richtigen

1,9 Millionen Mark gewann. Auch Rainer M. war schnell umgeben von falschen Anlageberatern, die ihm das Blaue vom Himmel versprachen. Er vertraute den Ratschlägen dieser selbsternannten Experten und investierte einen großen Teil seines neuen Vermögens in Immobilen, die sich schließlich als wertlose Anlage herausstellten. Mit dem Rest des Geldes, etwas über einer halben Million Mark, erwarb er eine kleine Handwerksfirma. Die Firma war bereits marode, und so ging Rainer M. schon wenige Wochen später damit in Konkurs. Heute ist von seinem einstigen Millionengewinn nichts mehr übrig. Die wertlosen Immobilien wurden verkauft, und das Geld ist restlos verbraucht.

5. Michael Broers

2,7 Millionen Mark hat er gewonnen! Er gab das Geld mit vollen Händen aus, kaufte sich ein Wohnmobil, eine Rolex und andere Luxusartikel. Die Passion des Kfz-Mechanikers sind Autos, und so legte er sich mehrere schnelle Modelle zu. Letztendlich kaufte er sogar ein ganzes Autohaus. Mit seinem Gewinn wäre sicher auch ein Chauffeur bezahlbar gewesen, aber »Millionen-Michi« fuhr lieber selber – allerdings ohne Führerschein. Nachdem er achtmal dabei erwischt wurde, wurde er aus dem Verkehr gezogen und musste eine Haftstrafe absitzen. Sein Autohaus verursachte derweil weitere Unkosten. Seine Ehe ging in die Brüche, und nach wenigen Jahren ist von dem einst so stattlichen Gewinn nichts mehr übrig. Michael Broers lebt heute in einer kleinen Zweizimmerwohnung von Hartz IV.

6. Lothar Kuzydlowski

Lotto-Lothar, wie Lothar Kuzydlowski aus Hannover auch genannt wurde, gewann 1994 mit seinem Bruder zusammen 7,8 Millionen Mark. Also 3,9 Millionen für jeden. Der Arbeitslose konnte sich jedoch nicht lange an seinem Glück erfreuen. »Lotto, Lothar, Lamborghini« war sein Wahlspruch, und gemäß diesem lebte er auch. Er liebte Autos, Frauen und Alkohol und gab dafür Unsummen aus. Er selber schaffte es aber nicht, zu Lebzeiten sein ganzes Geld zu verjubeln, denn dafür wurde er nicht alt genug. Nur fünf Jahre nach dem Lottogewinn starb er an einer Leberzirrhose in Folge seiner Alkoholsucht.

7. Claus W.

1997 gewann Claus W. aus Thüringen 1,5 Millionen Mark. Der Fliesenleger kündigte seinen Job und investierte seinen Gewinn zunächst in Immobilien. Auch für Frauen, Autos und Alkohol gab er eine Menge Geld aus. Er verschenkte Teile seines Vermögens an seine Familienangehörigen und spendete auch diverse Beträge. Bereits fünf Jahre später war das Geld bis auf den letzten Pfennig weg. Das Streben nach Luxus war aber noch da. Arbeiten wollte er zwar, hatte aber Angst vor dem Gerede der Leute. Der Gang zum Sozialamt kam für ihn nicht in Frage. Dafür war die Scham zu groß. Herr W. wurde 2004 bei einem Einbruch auf frischer Tat ertappt. In der Folge konnte man ihm 60 Einbrüche und Diebstähle nachweisen. Dafür wanderte er für vier Jahre hinter Gitter. Die Strafe hat er hinter sich, aber der Hang zum Lotto ist geblieben. Er spielt immer noch.

8. Der Unbekannte

2011 gewann ein Lottospieler aus Niedersachsen etwa 1,7 Millionen Euro. Er ging mit seinem Gewinn nicht an die Öffentlichkeit und bewahrte weitgehend Stillschweigen über seinen Reichtum. Trotz aller Vorsicht erfuhren einige Personen aber anscheinend doch vom Glück des Lottomillionärs. Bereits kurz nach der Auszahlung seines Gewinns ging es los: Er wurde erpresst. Der 29-jährige Täter bedrohte sein Opfer mit einer Schreckschusswaffe und drohte ihm weiterhin körperliche Gewalt an. Er forderte immer höhere Geldbeträge, die ihm der unglückliche Lottomillionär entweder persönlich aushändigte oder direkt auf sein Konto überwies. Dabei handelte es sich um Summen zwischen 10 000 und 100 000 Euro, insgesamt wechselten rund 400 000 Euro den Besitzer. Seit Sommer 2012 sind der Erpresser und sein mutmaßlicher Komplize angeklagt. Beide sind den Behörden schon wegen vorhergehender Straftaten einschlägig bekannt. Dem unbekannten Lottogewinner nützt das indes wenig. Auch wenn der Erpresser und sein Gehilfe verurteilt werden, so heißt das noch lange nicht, dass er sein Geld wiedersieht.

9. Keine echten Gewinner

Es gibt in der Geschichte des deutschen Lottos immer wieder Lottospieler, die zwar sechs Richtige hatten, aber den Gewinn mit so vielen anderen Gewinnern teilen mussten, dass kaum etwas übrig blieb. Beispielsweise brachten die sechs richtig getippten Zahlen im Mai 2003 keine Million, sondern nur 26 000 Euro, weil 133 Spieler diese Zahlen hatten. Die 124 Gewinner im Oktober

1997 und die 222 Gewinner im Januar 1988 waren auch nicht viel besser dran. Sie erhielten ebenfalls nur einen geringen Anteil am Gesamtgewinn, nämlich 50 000 und 85 000 Mark. Noch schlimmer sind allerdings diejenigen Gewinner dran, die ihren Lottoschein verloren oder gar nicht aufgegeben haben. Beweisen können die Pechvögel das dann natürlich nicht. Und so geht ein Lottogewinner, dem der Millionengewinn sicher gewesen wäre, leer aus.

10. Lottomillionär geworden – was tun?

Sollten Sie mit der Wahrscheinlichkeit von eins zu knapp 14 Millionen den Jackpot knacken und einen dicken Millionengewinn einstreichen, ist vor allem eines wichtig: sich bewusst zu machen, wie man mit dem unverhofften Geldsegen umgehen sollte. Die meisten von uns sind auf diese Situation nicht vorbereitet, Fehler sind also vorprogrammiert. Die Gespräche mit dem Kundenservice der Lottogesellschaft helfen zwar, aber letztlich ist jeder für sich selbst verantwortlich. Meistens wird Verschwiegenheit empfohlen. Sobald die Nachbarn, Arbeitskollegen oder sonstige Bekannte Wind vom Geld bekommen, wollen sie etwas davon abhaben. Es ist dann schwer zwischen echten Notlagen und Gier zu unterscheiden, zumal die Bittsteller ja auch trickreich sind und versuchen, mit unterschiedlichen Strategien an ihr Ziel zu kommen. Sie könnten auch weiter arbeiten, anstatt gleich Ihren Job zu kündigen. Das ist unauffälliger und beschert Ihnen weiterhin das gute Gefühl, etwas zu schaffen. Denn eins darf man nicht unterschätzen: Wenn die materiellen Bedürfnisse befriedigt sind, braucht man einen neuen Glücksbegriff. Und wer alles hinter sich abgebrochen hat, ist schnell einsam. Eine sinnvolle Tätigkeit macht auf Dauer glücklicher als das Nichtstun.

Die 10 legendärsten Werbesprüche

Experte: Volker Bergmeister, TV-Kritiker

1. **Nichts geht über Bärenmarke**
   Allgäuer Alpenmilch

2. **Frau Antje bringt Käse aus Holland**
   Niederländischer Molkereiverband

3. **Wäscht nicht nur sauber, sondern rein**
   Ariel

4. **Wer wird denn gleich in die Luft gehen?**
   HB, Zigarettenmarke

5. **Die zarteste Versuchung, seit es Schokolade gibt**
   Milka Schokolade

6. **Haribo macht Kinder froh**
   Haribo

7. **Pack den Tiger in den Tank!**
   Esso

8. **Ich bin doch nicht blöd**
   Media Markt

9. **Geiz ist geil**
   Saturn

10. **Wohnst du noch oder lebst du schon?**
    Ikea

Die 10 aufregendsten Urlaubsziele

Expertin: Anja Hauenstein, Journalistin, Weltreisende

1. **Namib-Wüste: Skydiving**
   30 Sekunden, 220 Stundenkilometer – so schnell und so lang ist der freie Fall. Danach schwebt man am Fallschirm noch fünf bis acht Minuten zur Erde: Tandemsprung aus drei Kilometern Höhe. Schon nach einer viertelstündigen Unterweisung, in der ein erfahrener Springer dem Laien die wichtigsten Verhaltensregeln erklärt, kann der ultimative Nervenkitzel starten. Rechts der tiefblaue Atlantik, links das endlose, gelbe »Meer« der Namib-Wüste. Sonst nichts, was ablenkt vom Gefühl der absoluten Freiheit des Fliegens.

2. **Victoria-Fälle: Bungeejumping**
   Man springt von der Victoria-Falls-Brücke, die zwischen Simbabwe und Sambia über den Sambesi führt. Der Sprung von der historischen Eisenbahnbrücke ist mit

seinen 111 Metern einer der höchsten Bungeesprünge der Welt. Wer will, bekommt eine Kopfwäsche im kalten Fluss gratis dazu. Drei Sekunden freier Fall, bevor das Seil zum ersten Mal anzieht oder man im Wasser landet, 120 Stundenkilometer schnell: Wenn es regnet, kann man sogar die Tropfen überholen.

3. Mosambik: Schnorcheln mit Walhaien

Walhaie sind die größte Attraktion in Tofo, Mosambik. Man kann sie das ganze Jahr über bestaunen – mit fast 100-prozentiger Sicherheit von Oktober bis Mai. Rund zehn Schnorchler pro Schiff warten, bis der Ruf des Bootsführers ertönt: Walhai! Dann geht alles Schlag auf Schlag: Schnorchel, Maske, Flossen anziehen und rein ins Wasser. Minutenlang dulden die majestätischen Tiere die Anwesenheit der Taucher, bis sie langsam abtauchen oder davonschwimmen. Oft kommt man weniger als eine Armlänge an sie heran, muss manchmal sogar zurückrudern, um den Riesen der Meere aus dem Weg zu gehen. Gelassene Giganten, die sich durch nichts aus der Ruhe bringen lassen.

4. Monteverde Nationalpark/Costa Rica: Canopy

Von sicheren Plattformen aus schwingt man sich mit Karabinern und Gurten fest verankert an Stahlseilen über die Baumwipfel des Regenwaldes von Costa Rica. Drei Kilometer weit geht die Reise – das längste Seil ist knapp 800 Meter lang. In 130 Metern Höhe hängend, überragt man die grünen Riesen und hat einen unglaublichen Blick auf den undurchdringlichen Regenwald. Tarzan lässt grüßen!

5. Kula-Kai-Höhle/Hawaii: Caving

Caving bedeutet so viel wie Höhlenwandern. Auf Big Island, Hawaii, ist es mehr ein Lava-Labyrinth als eine Höhle, entstanden durch Lavaströme, die sich seit 1500 Jahren immer wieder vom Vulkan Mauna Loa hinabwälzen. Im Laufe der Jahre haben sich so unterhöhlte Tunnels, Canyons und meterhohe, wasserfallähnliche Steinformationen gebildet. Gigantische Kugeln aus erkalteter Lava liegen herum, immer wieder kreuzen und verzweigen sich die Gänge. Manche Kammern sind über 35 Meter breit und fast ebenso hoch. Über 30 Kilometer lang ist dieses Labyrinth. In die Tiefe geht es mit Stirnlampe, Helm sowie Seilen – und ausschließlich mit professionellen Guides. Dieses Abenteuer ist nichts für Menschen mit Klaustrophobie!

6. Südafrika: Quad-Biking durch die Berge

Quads sind vierrädrige Motorräder mit Ballonreifen, die mühelos jede Offroad-Strecke bewältigen und genügend Dampf haben, um auch eine 45 Grad steile Sanddüne hochzuklettern. Touren durch die Drakensberge bei Natal in Südafrika bieten nicht nur Strecken durch dichtbewaldete Berghänge, ausgetrocknete Flussbette, vorbei an Wasserfällen und atemberaubenden Panoramablicken, sondern auch die Möglichkeit, mit dem Quad den acht Kilometer langen und steinigen Sani-Pass – die drittsteilste Passstraße der Welt – hinauf- und hinunterzubrettern.

7. Kroatien: Rafting auf dem Cetina-Fluss

Dieses Rafting-Abenteuer bei Omiš in Kroatien ist vor allem für Anfänger geeignet, die trotzdem ins Schwitzen kommen wollen. Die neun Kilometer lange Strecke beginnt eher harmlos, und man kann in Ruhe zusammen mit dem Skipper das Rudern üben. Dann aber folgen atemberaubende Stromschnellen, und man sollte schon körperlich fit sein, um dagegen anrudern zu können. An einer besonders gefährlichen Stelle muss man sogar das Boot verlassen, durch eine dunkle Grotte mit eiskaltem Wasser schwimmen und unter einem Wasserfall hindurchtauchen, bevor es mit dem Boot weitergeht.

8. Nordamerika: Reiten im Monument Valley

Die Kulisse des Monument Valley gehört zu den spektakulärsten Landschaften Nordamerikas. Wie riesige Skulpturen bohren sich massige Felstürme aus der flachen wüstenähnlichen Ebene. Das Gebiet des Nationalparks ist in Besitz der Navajo-Indianer. Unter der Leitung eines indianischen Führers erkundet man auf Mustangs die schönsten Gebiete der Wildwestlandschaft. Angeboten werden Touren von zwei bis sechs Stunden Dauer zu Aussichtspunkten, die man als Tourist sonst nicht zu sehen bekommt. Ein besonderes Erlebnis ist auch eine mehrtägige Exkursion, die tief in das Gebiet der Navajos hineinführt.

9. Vietnam: Mopedtour in Hue

»On thu wheels« heißt ein kleines Café in Hue, geführt von der äußerst geschäftstüchtigen Vietnamesin Thu.

Außer für das leibliche Wohl ihrer Gäste zu sorgen, vermarktet sie auch noch ihre zehn Brüder, indem sie Mopedtouren zu den Sehenswürdigkeiten rund um Hue anbietet – auf Wegen, die man alleine nicht finden würde. Jeder Tourist bekommt einen der Brüder als Reiseführer: Hinten aufs Moped aufgesessen – Helm oder Nierengurt sind Fremdwörter – und ab die Post über Felder, Schotterwege und wackelige Bambusbrücken. Man bekommt nicht nur alle Highlights von Hue zu sehen, sondern auch einen herrlichen Einblick in die landschaftliche Idylle der alten Königsstadt – abseits der Massen des Reisegruppen-Tourismus.

10. Laos: Tubing den Mekong entlang

Diesen »Nervenkitzel« kann wirklich jeder meistern! Man bekommt dafür den Schlauch eines Traktorreifens, lässt sich mit dem Hintern hineinplumpsen und den Mekong bei Vang Vieng, Laos hinuntertreiben. Die Geschwindigkeit beträgt dabei maximal fünf Stundenkilometer. Alles, was man zu tun hat, ist gelegentlich mit Armen und Beinen zu paddeln und sich zu überlegen, an welcher der alle 100 Meter am Ufer auftauchenden Swimming Bars man anlegen will, um ein gepflegtes Laos-Bier zu trinken. Zurück ins Wasser geht's à la Tarzan: Man springt von einem Turm an einem Seil schwingend in den Fluss zurück. Gefährlich wird es nur, wenn man den 50+-Sunblocker vergessen hat.

Die 10 besten Tipps bei grauen Haaren

Expertin: Erika Schulz, Studentin, Wortkünstlerin, Modenärrin

1. Tönen

Ein beliebter Fehler beim Ergrauen ist der Griff zur schwarzen Färbung. Wenn Sie wie Schneewittchen aussehen und alle vier Wochen zum Friseur rennen wollen, können Sie gerne diesen Weg gehen. Wenn nicht, dann ersparen Sie sich eine Menge Stress. Eine Haartönung eignet sich besonders gut bei grauen Haaren, die vorher leicht rotbraun oder dunkelblond waren. Dann können Sie Ihre Haare nämlich mit einer sanften Haartönung kupferrot tönen. Das helle Rot reflektiert Licht und gibt Ihnen einen jugendlichen, frischen Look. Die bereits ergrauten Strähnen werden hellrot, das dunkle Haar bekommt einen dunkelroten Ton. Und so entsteht ganz nebenbei noch ein natürlicher Strähneneffekt, der Ihrem Haar Tiefe gibt.

2. Färben

Je heller die Naturhaarfarbe, desto weniger fallen die grauen Strähnen auf. Besonders gut haben es Frauen und Männer mit blonden Haaren. Die ergrauten Haare machen die Haarfarbe in der Regel sogar interessanter. Wenn das Grau überhandnimmt, können Sie mit ein paar blonden Strähnchen Ihren alten Look behalten, ihn vielleicht sogar noch etwas interessanter gestalten. Lassen Sie Ihre Haare in unterschiedlichen Aschblondtönen färben. So bekämpfen Sie auch den unbeliebten Gelbsticheffekt, den graues Haar im Sommer oft bekommen kann.

3. Renaturierung

Renaturierung bedeutet, dass Ihre Haare durch ein Pflegeprodukt ihre natürliche Haarfarbe zurückbekommen, nachdem sie ergraut sind. Sie werden also quasi optisch in den Urzustand zurückversetzt. Das klingt ziemlich beeindruckend. Aber: Renaturierung funktioniert nicht bei roten und blonden Haaren. Und Renaturierung ist im Grunde auch eine Färbung.

4. Grau melieren

Die Umstellung von pigmentierten zu unpigmentierten Haaren, sprich von farbigen zu grauen, ist für viele unglaublich schwer. Mit der neuen Haarfarbe muss Man(n) nämlich auch ein neues Selbstverständnis entwickeln. Leichter wird dieser Übergang, wenn Sie Ihre Haare am Anfang grau melieren. Meliert bedeutet, dass Ihre natürliche Haarfarbe von grauen Strähnchen durchzogen ist.

5. Ernährung

Ein gesunder Lebensstil kann das Ergrauen zwar nicht aufhalten, aber er kann dabei helfen, nicht frühzeitig einen Grauschopf zu bekommen. Wenn der Körper über Jahre hinweg nicht ausreichend mit Mineralstoffen versorgt wird, dann kann es zu einer Übersäuerung des Organismus kommen. Und diese kann dazu führen, dass der Körper nicht mehr ausreichend Melanin produzieren kann. Die Folge: Die Haare ergrauen früher, als es hätte sein müssen. Damit Sie diesen Effekt vermeiden, heißt es, möglichst viel mineralstoffhaltige Lebensmittel zu sich zu nehmen. Frisches Obst und Gemüse sowie Vollkornprodukte sollten auf Ihrem Speiseplan stehen. Nicht nur für die Haare übrigens, sondern auch für Ihr allgemeines Wohlbefinden, Ihre Leistungsfähigkeit und Ihre Gesundheit.

6. Grau als Statement

Ich bin grau, und das ist auch gut so. Verfechter und Verfechterinnen von Färbeprodukten argumentieren, dass sie sich selbst aussuchen, wann sie alt werden. Sie frieren ihre Jugend ein und sagen, es sei eine Art der Emanzipation. Mit einer Packung Farbe nach der anderen. Männer und Frauen, die sich nicht die Haare färben und in Würde ergrauen, sehen dies als eine Art Befreiungsschlag von den süchtig machenden Jugendmitteln in Fläschchen.

7. Frisuren

Der typische Oma-Look ist ein Kurzhaarschnitt mit falscher Welle. Natürlich in Weißgrau. In diese Tiefen müssen Sie aber nicht sinken. Frisuren mit grauen Haaren können sehr sexy und frech sein. Ja, sogar jugendlich. Diane Keaton beweist dies mit ihren halblangen durchgestuften Haaren mit Seitenscheitel und Pony. Judi Dench trägt einen Kurzhaarschnitt in Weiß. Mit ein bisschen Wachs wird er durchgewuschelt und wirkt dadurch gar nicht altbacken. Aber graue Haare müssen nicht unbedingt kurz getragen werden. Die Schauspielerinnen Meryl Streep und Vanessa Redgrave sowie die Fotografin Annie Leibovitz tragen ihren ergrauten Haarschopf mehr als schulterlang. Die Haare sind auf eine Länge geschnitten. Ein längerer Pony umrahmt das Gesicht. Er gibt den ergrauten Stars ein mädchenhaftes Aussehen.

8. Grau pflegen

Graues Haar hat eine aufgeraute Struktur und weniger Lipide, sprich Feuchtigkeit; es ist dünner als pigmentiertes Haar. Dazu kommt, dass es im Sommer einen Gelbstich bekommen kann. Das alles muss nicht sein: Sie wollen doch kein struppiger, gelber Mopp sein. Benutzen Sie nicht nur Anti-Aging-Produkte für Ihre Haut, sondern auch für Ihr Haar. Es gibt spezielle Spülungen und Kuren, die Proteine enthalten und die Haarstruktur auffüllen. Eine Silberspülung vom Friseur sagt dem hässlichen Gelbstich den Kampf an. Diese können Sie einmal im Monat selbst oder eben bei Ihren regelmäßigen Friseurbesuchen machen lassen. Wenn die Mähne nicht nur grau, sondern auch dünner wird, benutzen Sie Shampoos und Kuren mit Koffein oder Zitrusölen. Sie stärken die Haarwurzel.

9. Grau stylen

Wer auf dem Kopf grau wird, muss mit seinem Styling dagegenhalten. Farbe, Farbe und noch mehr Farbe. Besonders auffällig sollten sich Frauen mit grauen Haaren ihre Lippen schminken. Von Knallrot bis Pink ist alles erlaubt. Sie sollten auch nicht ohne Wimperntusche aus dem Haus gehen. Kombinieren Sie knallige Farben miteinander, wie zum Beispiel Zitronengelb und Royalblau. Schrecken Sie vor keiner Farbkombi zurück. Aubergine und Tannengrün sind gute Alternativen für Frauen, die sich nicht unbedingt in Pink und Co. wohl fühlen. Männer sollten helle Grüntöne und Türkis probieren.

10. Grau als Trend

Meryl Streeps grauer Schopf in »Der Teufel trägt Prada« hat Grau als Haarfarbe für Frauen etabliert. Pink und Kelly Osbourne tragen Grau in Kombination mit lila Strähnen. Inzwischen sieht man auch auf einigen Modenschauen Models mit ergrauten oder hellgrauen Haaren. Wohin das Auge blickt, finden sich graue, stolze Frauenmähnen. In der Modewelt sind graue Haare längst etabliert. Jetzt ist es nur noch eine Frage der Zeit, bis dieser Trend im Alltag der Menschen ankommt. Da unsere Gesellschaft aber immer älter wird, macht es nur Sinn, Grau als Haarfarbe zu akzeptieren, und zwar für beide Geschlechter. Denn früher oder später findet man selbst das erste graue Haar. Und dann will man alles andere als sich alt und unsexy fühlen.

Die 10 kleinsten Staaten der Welt

Expertin: Andrea Ege, Journalistin und PR-Expertin für Lifestyle, Reise, News

1. **Staat Vatikanstadt, zwischen 800 und 900 Einwohner auf 0,44 km^2**
2. **Fürstentum Monaco, 36 136 Einwohner auf 2,02 km^2**

3. Republik Nauru, 10 175 Einwohner auf 21 km²
4. Tuvalu, 10 500 Einwohner auf 25 km²
5. Republik San Marino, 32 471 Einwohner auf 60,57 km²
6. Fürstentum Liechtenstein, 36 942 Einwohner auf 160,47 km²
7. Republik Marshallinseln, 54 600 Einwohner auf 181,3 km²
8. Cookinseln, 18 600 Einwohner auf 240 km²
9. Niue, 1300 Einwohner auf 261,4 km²
10. Föderation St. Kitts und Nevis, 50 314 Einwohner auf 269 km²

Die 10 besten Ideen für den Junggesellenabschied

Expertin: Bettina Pyczak, Expertin für Hochzeiten, Buchautorin

1. Das richtige Outfit

Das Sträflingskostüm zum Beispiel: Oberteil, Mütze und Hose mit schwarzweißen Querstreifen und dazu passend der sinnbildliche Klotz am Bein. Der neueste Renner sind selbstaufblasende Kostüme. Einfach anziehen und durch ein integriertes Gebläse ist die perfekte Verwandlung in einen kugelrunden Junggesellen in circa 20 bis 30 Sekun-

den fertig! Oder – nicht so aufwändig – T-Shirts mit
Aufdruck: »Schön. Schöner. Ich!«; »... 3, ... 2, ... 1, ...
meins!«; »Mir geht's prächtig«; »Ich kann kaum noch
stehen«; »Time to say goodbye«; »Ab morgen spare ich
Steuern«; »Ich hätte sie alle haben können«.

2. PS für Männerherzen
Vom Ferrari über den Bagger bis hin zum Trabi. So
unterschiedlich diese fahrbaren Untersätze sind – die
meisten Männer bekommen bei ihnen feuchte Augen.
Alle kann man für einen Tag leihen.

3. Mottonächte
Ein richtig guter Junggesellenabschied braucht ein
Motto. Dies können Sie ganz nach den Vorlieben des
zukünftigen Ehemannes wählen – und dann gemeinsam,
entsprechend ausstaffiert und kostümiert, um die Häuser
ziehen und feiern. (Beispiele: Disco-Fever, Heino-Nacht,
Alpen-Olympiade, Criminal Dinner)

4. Die guten alten Zeiten
Besuchen Sie gemeinsam die alten Wirkungsstätten, an
denen Sie als pubertierende Jungs schon rumhingen: Der
Nachmittag beginnt vielleicht mit einem Besuch bei der
Gitarrenlehrerin, danach folgt der Überraschungsbesuch
in der Tanzschule, zum Ausruhen besuchen Sie das alte
Kino, und zum Abschluss geht's dann über die Studen-
tenkneipe in Ihre Lieblingsdisco von damals.

5. Strip mit Stil

… ist die Adresse des angesagtesten deutschen Stripclubs, »Dollhouse«. Die Nacht im Hamburger Etablissement ist längst ein Klassiker des Junggesellenabends. Im »Dollhouse« strippen Frauen und Männer, so kommen auch gemischte Gruppen auf ihre Kosten.

6. Spaß für Sportler

Wer meint, die einzige vernünftige sportliche Betätigung bei einem Junggesellenabschied sei das Heben und Stemmen von Bierkrügen, hat sich geschnitten. Der Abschied aus dem Singleleben kann durchaus mit körperlicher Aktivität verbunden sein, die den Namen Sport verdienen – und den Abenteuerdrang der Männer befriedigen. Auf geht's z. B. zum Canyoning (dabei kämpft man sich durch eine Schlucht) in einen Hochseilgarten oder zur Skisprung-Action.

7. Paintball

Paintball ist ein Mannschaftsspiel, das ein hohes Maß an Konzentration, Taktik und Teamgeist erfordert – und vor allem Spaß bringt. Dabei versuchen sich die Gegner mit Farbkugeln zu markieren, die per Pressluft verschossen werden.

8. Free Fall & Co.

Nichts begeistert kleine und große Jungs mehr als ein Freizeitpark – am besten mit vielen Achterbahnen. Mieten Sie ein Wohnmobil, und fahren Sie mit der kompletten Mannschaft auf große Abenteuertour.

9. Ab nach Mallorca
Der Deutschen liebste Insel ist nur einen Katzensprung entfernt – je nach Saison findet man einen Flug inklusive Übernachtung ab 120 Euro. Perfekt für einen echten Junggesellenabschied!

10. Highlights für Genießer
Nicht jedermann steht kurz vor der Hochzeit auf Action. Aber ein geselliges Zusammensein mit Freunden muss schon sein – aber auf keinen Fall in der Stammkneipe um die Ecke. Da gibt es Besseres, zum Beispiel eine Weinprobe: Kurze Konzentration, Sehen, Riechen, Schmecken und noch einen Augenblick zum Innehalten. Zigarrenabend: Eine dicke Zigarre – das passt doch zu einem glücklichen Bräutigam! Sushi yourself: Nach einem Begrüßungsaperitif und einem kleinen Amuse bouche werden Sie über die Historie und Tradition japanischer Esskultur aufgeklärt. Sie lernen die exotischen Zutaten kennen, mit denen Sie im Laufe des Kochkurses die verschiedenen Sushi-Sorten zubereiten. Cocktail-Workshop: Hier lernt der Bräutigam, wie er den Shaker richtig schwingt. Nach einer kurzen theoretischen Einführung in den Umgang mit den Barwerkzeugen geht es hier direkt ans Shaken.

Die 10 wichtigsten Cocktails, die man können sollte

Experte: Eyck Thormann, Barkeeper mit Auszeichnungen, Teecocktail-Spezialist, Restaurantfachmann

1. Bloody Mary
2. Martini Cocktail
3. Manhattan
4. Caipirinha
5. Mojito
6. Margarita
7. Piña Colada
8. Cosmopolitan
9. Planter's Punch
10. Whiskey Sour

Die 10 aussichtsreichsten Berufe fürs kommende Jahrzehnt

Expertin: Martina Fromme, verantwortliche Redakteurin UNICUM BERUF 2009–2012, freie Journalistin

1. **Ingenieur/in für Energie- und Gebäudetechnik**
   Ingenieure sind gefragt. Gerade im Bereich der Gebäude- und Energietechnik besteht dringender Bedarf: Zum ei-

nen schließen jährlich immer weniger Bauingenieure ihr Studium ab. Zum anderen überaltert die Branche: Schon jetzt ist etwa jeder dritte Berufstätige in dem Feld älter als 50 Jahre. Ein junger Bauingenieur hat daher schnell eine gute Anstellung in Aussicht. Einsatzbereiche finden sich unter anderem in Kälte-, Heizungs- oder Klimatechnik sowie in der Gas- und Wasserversorgung.

2. IT-Sicherheitstechniker/-in
In den letzten Jahren wurde Datenschutz in Deutschland ein immer wichtigeres Thema. Gerade in Großunternehmen werden Spezialisten gesucht, die Datenklau und -betrug nicht nur bekämpfen, sondern auch effektiv vorbeugen können.

3. Softwareentwickler/-in
Auch wenn IT-erfahrene Berufsanfänger verstärkt gesucht werden, hat sich dennoch die Zahl der Erstsemester-Studenten im Bereich Informatik seit 2000 halbiert. Dabei sucht die Branche mehr denn je nach qualifiziertem Nachwuchs.

4. Wirtschaftsmathematiker/-in
Die jüngste Wirtschaftskrise hat deutlich gemacht, wie hoch der Bedarf an guten Analytikern derzeit ist. Das Abschätzen von Risiken und Chancen bei Investitionen oder kostenintensiven Entscheidungen hat wieder mehr an Bedeutung gewonnen. Speziell das Versicherungswesen (etwa zur Kalkulation von Altersvorsorgeprodukten) und das Bankgewerbe benötigen Mathematiker mit Wirtschaftsverständnis in vielen wichtigen Positionen.

5. Vertriebsingenieur/-in

Ob in der Chemie oder der Elektrotechnik, in der Textil- oder Metallindustrie, Vertriebsingenieure kommen in den verschiedensten Branchen zum Einsatz. Da Unternehmen zunehmend ihre Produktionsstätten auf unterschiedliche Standorte im In- und Ausland verteilen, werden verstärkt Arbeitskräfte benötigt, die sowohl im Verkauf als auch im Entwerfen technischer Anlagen versiert sind.

6. Mechatroniker/-in

Wer sich einen Neuwagen ansieht, hat es sicher bereits bemerkt: Neue Maschinen und Armaturen bestehen schon lange nicht mehr aus rein mechanischen Teilen, sondern besitzen häufig elektronische Komponenten. Wartung und Einbau dieser Elemente werden zunehmend komplexer und anspruchsvoller – Ansprüche, die ein traditioneller Mechaniker oft nicht erfüllen kann. Daher suchen Automobil- und Maschinenbauindustrie verstärkt nach Schulabgängern, die sich im relativ jungen Beruf des Mechatronikers ausbilden lassen.

7. Lebensmitteltechniker/-in und Lebensmitteltechnologe/-in

Lebensmittelkontrolle ist nicht nur für den Bedarf von Allergikern, Diabetikern oder Kleinkindern wichtig. Auch die Qualitätsansprüche des normalen Verbrauchers an gesunde Nahrungsmittel steigen, vor allem auf Bioprodukte wird immer mehr Wert gelegt. Diese müssen sorgfältig verarbeitet und kontrolliert werden.

8. Altenpfleger/-in und Pflegemanager/-in

Die deutsche Bevölkerung wird immer älter. Während weniger Kinder geboren werden, steigt die Lebenserwartung (pro Dekade etwa 2,5 Jahre). Bereits heute besteht ein Mangel an Pflegepersonal, ein Umstand, der sich in den kommenden Jahren verschärfen wird – auch durch die Verkürzung der Zivildienstzeit. Gleichzeitig geben die Deutschen immer mehr Geld für Gesundheitsprodukte und -dienstleistungen aus, um beschwerdefrei zu altern. Diese wollen sorgfältig geplant, entworfen und verwaltet werden.

9. Zahn- oder Allgemeinarzt

In Deutschland herrscht Ärztemangel. Viele Medizinstudenten und Mediziner wandern an private Kliniken oder ins Ausland ab, Arbeitszeitverkürzungen an den Kliniken verstärken den Fachkräftemangel zusätzlich. Auch an Nachwuchs fehlt es: Jährlich werden voraussichtlich nur noch etwa 8500 Medizinstudenten die Universität mit einem Abschluss verlassen.

10. Lehrer/in für Naturwissenschaften und Mathematik

Im humanistischen oder geisteswissenschaftlichen Bereich (wie Deutsch, Geschichte oder Englisch) sieht die Arbeitslage eher düster aus, dagegen fehlt es in naturwissenschaftlichen Fächern (Biologie, Chemie oder Physik) und in Mathematik an qualifizierten Lehrkräften. Da auch der Altersschnitt vieler Lehrer in diesen Fächern sehr hoch ist, können angehende Lehramtsstudenten hier einer sicheren Anstellung entgegenblicken.

Die 10 traurigsten Filme, bei denen Männer weinen dürfen

Experte: Jan-Rüdiger Vogler, Film- und Fernsehjournalist

1. Spiel mir das Lied vom Tod, 1968
2. Die Verurteilten, 1994
3. Mr. Smith geht nach Washington, 1939
4. Feld der Träume, 1989
5. Die Brücke, 1959
6. Einer flog übers Kuckucksnest, 1975
7. Die durch die Hölle gehen, 1978
8. Der mit dem Wolf tanzt, 1990
9. Der Elefantenmensch, 1980
10. Das Leben ist schön, 1997

Die 10 größten Naturkatastrophen, die von Menschen ausgelöst wurden

Experte: Markus Hermannsdorfer, Fotograf und Reisejournalist

1. **Tschernobyl**
Schon bei der Planung des Reaktors begann die Fehlerkette: Der Block 4 (in dem die Kernschmelze stattfand) war viel zu schwach isoliert. In den Blöcken 1 und 2 hätte

die Explosion das Reaktordach wohl gar nicht zerstören können. Dann wollte man den Reaktor in einem Versuch unter extremen Bedingungen (totaler Stromausfall) testen – obwohl er dafür konstruktionsbedingt überhaupt nicht ausgelegt war. Und weil Chefingenieur Djatlow gerade so schön in Fahrt war, missachtete er so ziemlich alle Sicherheitsbestimmungen, die es gab. Die folgende Explosion am 26. April 1986 zerstörte das Reaktordach und schleuderte radioaktive Gase wegen der hohen Temperatur hoch in die Atmosphäre. Dort trieben sie Tausende Kilometer weit bis nach Westeuropa.

2. Aralsee

Der einst viertgrößte Binnensee der Erde ist heute in mehrere kleine Seen zerfallen. Grund dafür war ein kurzsichtiger, massiver Raubbau. Seit den Zeiten Stalins hat man den beiden Hauptzuflüssen große Wassermengen abgezweigt, um riesige Anbauflächen für Baumwolle zu bewässern. Der See trocknete immer mehr aus, und der Salzgehalt nahm extrem zu. Das führte zu einem massiven Fischsterben und dem Ende der Fischerei im Aralsee.

3. Exxon Valdez

Als am 24. März 1989 der 300 Meter lange Öltanker Exxon Valdez auf seinem Weg zur Hafenstadt Valdez im Süden Alaskas auf ein Riff auflief und rund 40 000 Tonnen Rohöl ins Meer strömten, sah es zunächst nach einem großen Unglück aus. Doch die Ursachen dieser Katastrophe sind ungeheuerlich: 1. Das Schiff hatte nur eine einwandige Außenhülle. 2. Der Kapitän war

Alkoholiker und schlief zum Zeitpunkt des Aufpralls betrunken in seiner Kabine. Der verantwortliche Offizier auf der Brücke aber war übermüdet und versäumte es, das Schiff auf dem vorgegebenen Kurs zu halten. 3. Die US-Behörden waren auf diesen Fall überhaupt nicht vorbereitet, was zu Chaos in der Organisation der Hilfsmaßnahmen führte und die Folgen weiter verschlimmerte. 4. Die Küstenwache konnte das Schiff nicht vor dem Riff warnen, weil, so deren Begründung, die Radargeräte nicht funktionierten und es kurz zuvor einen Schichtwechsel gab.

4. Banqiao

Auch die Katastrophe am Banqiao-Staudamm in Zentralchina geht auf Konstruktionsmängel zurück. Die chinesische Regierung baute statt der von Experten empfohlenen fünf gleich zwölf Schleusentore ein und legte mehrere Dämme als Kaskade an. Schon kurz nach der Fertigstellung Anfang der 1950er Jahre musste man sowjetische Ingenieure für Reparaturarbeiten holen. Grund waren Brüche in der Talsperre und in den Schleusentoren. Das neue Design bezeichnete man als Eiserner Damm, der auch die größte denkbare Überschwemmung aufhalten sollte. Doch die Unzerstörbarkeit hielt nur ganze 20 Jahre. Während der Taifun Nina das Land überschwemmte, begann die Katastrophe am 8. August 1975 mit dem Bruch des kleineren Shimantan-Dammes stromaufwärts. Als die Flutwelle eine Stunde später den Banqiao-Damm erreichte, konnte der die Wassermassen nicht aufhalten und brach ebenfalls – und auch die weiteren 62 Dämme stromabwärts hatten keine

Chance zu halten. Die mehrere Meter hohe Flutwelle raste ins Flachland, begrub Tausende Quadratkilometer Land, unzählige Dörfer und Städte und schloss insgesamt über eine Million Menschen im Wasser ein.

5. Sidoarjo

Was passiert, wenn man mit einer Nadel in einen prall gefüllten Wasserballon sticht? Genau, er platzt. Ähnliches soll auf der indonesischen Insel Java passiert sein, nur dass hier kein Wasserballon, sondern ein Schlammvulkan angebohrt wurde. Die indonesische Erdölfirma Lapindo Brantas begann im März 2006 mit den Bohrungen, weil sie dort ein größeres Ölvorkommen erwartete. Am 28. Mai stieß sie dabei auf eine unbekannte Flüssigkeit, deren Proben jedoch verlorengingen, bevor man sie analysieren konnte. Einen Tag später kam es in unmittelbarer Nähe der Bohrung zu einem Schlammausbruch, der den 100 Grad heißen Schlamm bis zu 50 Meter in die Höhe schleuderte.

6. Aberfan

Am 21. Oktober 1966 rutschte eine Halde des Kohlebergwerks Aberfan in Südwales einen Hang hinunter und begrub 20 Häuser, eine Farm und zwei Schulen. 128 der insgesamt 144 Opfer waren dementsprechend Kinder, alle zwischen acht und zehn Jahren alt. Die Katastrophe kam aber keineswegs überraschend. Die Instabilität der Halde war sowohl der Firmenleitung als auch den Arbeitern bekannt. Die Stelle, an der man Geröll und Schutt aus dem Bergwerk deponierte, lag über einer unterirdischen Quelle, die sogar auf Karten verzeichnet war. Das

Grundwasser weichte das abgekippte Material so lange auf, bis es den Hang schließlich herabrutschte.

7. Vajont

Während des Baus des Stausees von Vajont 1956 mussten die Ingenieure die Pläne mehrmals anpassen, weil es an den Flanken der Berge zu Bergstürzen kam. Auch kleine Erdbeben erschütterten die Gegend, nicht aber die Zuversicht der Planer. Und als wäre das nicht genug, vertraute man auf eine Simulation, die zeigte, dass ein Bergsturz 40 Millionen Kubikmeter Geröll in den See schieben konnte und danach immer noch keine Gefahr bestand. Am 9. Oktober kam es zu einem katastrophalen Bergsturz. Nicht die kalkulierten 40 Millionen, sondern 270 Millionen Kubikmeter Gestein stürzten in den See. Der Wasserpegel stieg so stark an, dass 25 Millionen Kubikmeter Wasser über die rund 260 Meter hohe Mauer auf die andere Seite flossen und talabwärts die Gegend um das italienische Städtchen Longarone vollständig zerstörte. Rund 2000 Menschen kamen dabei ums Leben.

8. Lake Peigneur

Wie mache ich aus einem bei Wassersportlern beliebten, drei Meter tiefen Trinkwassersee im US-Staat Louisiana einen 60 Meter tiefen Salzsee? Dies gelang dem Ölunternehmen Texaco. Obwohl sich direkt unter dem See ein Salzbergwerk befand, hielt es Texaco für eine gute Idee, an der Oberfläche nach Öl zu bohren. Und da man auch nicht richtig rechnen konnte, stieß man am 20. November 1980 durch die Decke zum Bergwerk und schuf so einen astreinen Abfluss für den See. Das Wasser lief nun durch das immer größer werdende Loch in die Hohlräume des Bergwerks und verschluckte die Bohrplattform sowie rund 260 000 Quadratmeter Land.

9. Centralia

Die örtlichen Feuerwehrmänner des kleinen Städtchens Centralia, das mitten in der großen Anthrazitkohleregion Pennsylvanias liegt, bekamen wie jedes Jahr vor dem Memorial Day auch im Mai 1962 den Auftrag, den Abfall der Mülldeponie zu verbrennen. Schließlich müsse man das kleine Städtchen zum Feiertag herausputzen. Dummerweise sprang das Feuer aber dieses Mal in die Bergwerksstollen über, die unter der ganzen Region verlaufen. Der Kohlebrand breitete sich aus und ist bis heute nicht gestoppt. Das Anthrazit, dass sich insgesamt über eine Fläche von rund 15 Quadratkilometern erstreckt, wird nach Expertenmeinung noch 100 bis 200 Jahre weiterbrennen, bis es dann von selbst erlischt. Die Stadt musste natürlich evakuiert werden – das geschah aber erst 1984, nachdem ein kleiner Junge fast in ein plötzlich aufgebrochenes, 50 Meter tiefes Loch im Boden gefallen wäre.

10. Boston

Die wohl merkwürdigste Katastrophe ereignete sich am 15. Januar 1919 in Boston, als ein 15 Meter hoher und 27 Meter langer Tank brach. Der Inhalt: Melasse, ein dunkelbrauner Zuckersirup, der als Süßmittel und zur Herstellung von Rum und Munition verwendet wurde. Die 8,7 Millionen Liter der klebrigen Flüssigkeit rasten in einer 4,5 Meter hohen und 56 km/h schnellen Flutwelle durch die Straßen. Mehrere Straßenblöcke wurden bis zu 90 Zentimeter hoch überschwemmt, zahlreiche Häuser zerstört, und sogar ein Zug der Boston Railway wurde aus dem Gleis geworfen. 21 Menschen starben, 150 wurden verletzt. Die Gründe für die Sirupflut? Der Tank war schlecht konstruiert und kaum getestet worden.

Die 10 besten Gründe für einen Dackel

Expertin: Anja Kleinelanghorst, Autorin, Bloggerin

1. Man muss ihn erobern.
2. Der Dackelblick
3. Dackel besitzen besondere Schönheit.
4. Mit einem Dackel setzt man ein Statement.
5. Dackel sind Quellen von Kunst und Philosophie.
6. Dackel haben keine Angst.
7. Berühmte Leute haben Dackel.
8. Mit einem Dackel erobert man Bestsellerlisten.
9. Dackel gibt es schon ganz lange.
10. Dackeln fehlt der typische Hundegeruch.

Die 10 bewährtesten lateinischen Redewendungen für Klugscheißer

Expertin: Melanie B. Weber, Dozentin für Kunsterziehung

1. **Ave, Caesar, morituri te salutant.**
   – Sei gegrüßt, Kaiser! Die Todgeweihten grüßen Dich!
2. **Veni, vidi, vici.**
   – Ich kam, ich sah, ich siegte.
3. **Carpe diem.**
   – Genieße den Tag.
4. **Errare humanum est.**
   – Irren ist menschlich.
5. **Nomen est omen.**
   – Der Name ist ein Zeichen.
6. **In vino veritas.**
   – Im Wein liegt die Wahrheit.
7. **Pecunia non olet.**
   – Geld stinkt nicht.
8. **Quo vadis?**
   – Wohin gehst Du?
9. **Homo sum, humani nil a me alienum puto.**
   – Ich bin ein Mensch, und nichts Menschliches ist mir fremd.
10. **Quidquid id est, timeo virgines et oscula dantes.**
    – Ich misstraue den Jungfrauen, selbst wenn sie mich küssen.

Die 10 tückischsten Zuckerfallen

Expertin: Dagmar Sponsel, Redakteurin, Genussmensch

1. **Gummibärchen**
   Auf den Verpackungen führender Hersteller findet sich seit einiger Zeit das Label »fettfrei«. Das soll uns suggerieren, dass der Inhalt der Tüte lediglich eine harmlose Versuchung darstellt, die nicht zwangsläufig direkt auf den Hüften landet. Weit gefehlt. Besonders perfide ist, dass in Gummibärchen noch nie Fett enthalten war. Nur hat es viele Jahre gedauert, bis diese Eigenschaft Eingang in die Werbung fand. Umso höher ist jedoch der Zuckergehalt der lustigen Naschware. So bestehen die sympathischen Figürchen je nach Hersteller zu etwa 50 bis 80 Prozent aus Zucker. Im Klartext: Selbst in ihrer harmlosesten Variante stecken rund 17 Würfel Zucker in gerade einmal 100 Gramm Fruchtgummis. Wer braucht da noch Fett, um auf Dauer dick zu werden?

2. **Ketchup**
   Wie Fruchtgummi kommt Ketchup gänzlich ohne Fett aus. Dafür entpuppt sich die Soße als tückische Zuckerfalle. Je nach Marke enthält Ketchup bis zu neun Würfel Zucker auf gerade einmal 100 Gramm. Die restlichen Zutaten setzen sich aus Tomatenmark, Essig, Salz und verschiedenen Gewürzen zusammen. Dazu kommt, dass Ketchup in der Regel zu ohnehin kalorienreichen Speisen wie Bratwurst, Hamburgern oder Pommes frites verzehrt wird. Diese Kombi macht Ketchup zu einem der erfolgreichsten Figurenkiller unserer Tage.

3. Schoko-Knuspermüsli

Auch beim Schoko-Knuspermüsli hängt die aufgenommene Zuckermenge pro 100 Gramm letztlich von der jeweils gewählten Marke ab. Ein Hersteller verspricht mit seinem Produkt Vitalität und versteckt mehr als acht Würfel Zucker in seiner Mischung. Ein anderer wirbt mit dem Begriff Fitness, um seinen Cerealien immerhin knappe sechs Stück Würfelzucker beizumengen.

4. Götterspeise

Kinder und auch Erwachsene schätzen das glibberige Dessert mit Waldmeister-, Zitrone-, Himbeer- oder Kirschgeschmack als farbenprächtigen Partygag. Um den Spaß zu später Stunde weiter zu erhöhen, mixen volljährige Hobbyköche gerne noch den einen oder anderen Schuss Wodka – circa 230 Kalorien pro 100 Milliliter – ins klebrige Dessert. Dabei handelt es sich bei Götterspeise bereits ohne die Beimengung von Alkohol um einen Figurenkiller allererster Güte. Schließlich besteht handelsübliche Götterspeise lediglich aus Gelatine, Farb- und Aromastoffen sowie einer ordentlichen Portion Süßungsmittel. Bekannte Hersteller verstecken dabei schon mal satte sechs Stück Würfelzucker in der nett anzusehenden Glibbermasse.

5. Fruchtjoghurt

Wer auf seine Figur achten möchte, sollte fertigen Fruchtjoghurt aus dem Kühlregal im Supermarkt am besten ganz vermeiden. Anders als der Name suggeriert, finden sich nämlich kaum Früchte im Becher. Dabei macht es keinen Unterschied, ob es sich um Discounterware oder Markenprodukte handelt. Tester stießen Becher für Becher auf jede Menge Chemie in Form von Aromastoffen und auf etwa fünf Stück Würfelzucker pro 100 Gramm Fruchtjoghurt. So viel geballte Süßkraft würden sich wohl die wenigsten freiwillig in den Kaffee geben. Sogenannter Magerjoghurt enthält üblicherweise die gleiche Menge an Zucker. Dass der Fettanteil der verarbeiteten Milch hierbei 0,3 anstatt 3,5 Prozent beträgt, lässt die Energiedichte um lediglich 15 Kalorien sinken.

6. Ananas

Viele Jahre lang galt frische Ananas als zuverlässiger Fettkiller. Dem in der Frucht enthaltenen Enzym Bromelin wurde zugeschrieben, aktiv den Prozess des Abnehmens zu beschleunigen. Leider ein Mythos, an dem nichtsdestotrotz nach wie vor einige Diätratgeber festhalten. Was dabei außer Acht gelassen wurde und wird: 100 Gramm frische Ananas enthalten etwa vier Stück Würfelzucker. Dennoch können sie eine ausgewogene Diät durchaus sinnvoll unterstützen. Die sogenannte Königin der Früchte liefert nämlich eine ganze Reihe an wertvollen Vitaminen. Dazu kommen 16 Mineralstoffe und wichtige Spurenelemente. Wohlgemerkt: frische Ananas. Dosenware zeichnet ein gänzlich anderes Bild. Die makellosen Ringe sind hübsch anzusehen, sicher. Nährstoffe sind hingegen kaum mehr enthalten. Vom Bromelin ganz zu schweigen. Dafür hat sich der Zuckergehalt erhöht. Nun finden sich auf 100 Gramm knapp fünf Stück Würfelzucker in jeder Büchse.

7. Apfel- und Kirschsaft

Zucker ist nicht nur in fester, sondern auch in flüssiger Form ein ernstzunehmendes Risiko für Hüften und Zähne. Dabei geht die größte Gefahr nicht einmal von stark gesüßten und industriell hergestellten Limonaden, sondern von prinzipiell gesunden Produkten wie Apfel- und Kirschsaft aus, selbst wenn das Label »ohne Zuckerzusatz« auf der Verpackung prangt. Schließlich ist bereits genügend Zucker von Natur aus enthalten. Eine vergleichsweise geringe Menge von 100 Millilitern Apfel- oder Kirschsaft beinhaltet im Durchschnitt ganze vier Stück Würfelzucker.

8. Konserven-Rotkohl

Rotkohl, im Süden der Republik meistens Rotkraut oder auch Blaukraut genannt, zählt von Natur aus eigentlich nicht zu den übermäßig kalorienreichen Nahrungsmitteln. Wird Rotkohl frisch als Rohkost zubereitet, enthalten 100 Gramm durchschnittlich gerade einmal 18 Kalorien. Umso tückischer erweist sich der Umstand, dass Rotkohl aus dem Glas oder aus der Dose schnell zur ungewollten Zuckerfalle mutiert. Gerade vermeintlich praktische Konserven, die bereits nach drei Minuten Kochzeit vollen Genuss versprechen, haben es in sich. Plötzlich weisen 100 Gramm Rotkohl 60 Kalorien auf. Bei dieser Verdreifachung waren im Schnitt knapp vier Würfel Zucker im Spiel. Traditionelle Dosenware kommt durchschnittlich mit etwas weniger Zucker aus. Doch auch hier muss der Verbraucher in jedem Fall mit mehr als drei Würfeln Zucker pro 100 Gramm Rotkohl rechnen.

9. Cola

Für viele ist Cola Dickmacher Nummer eins und deshalb die personifizierte Zuckerfalle schlechthin. Schon allein dieser Umstand bietet Grund genug, den flüssigen Übeltäter einmal genauer unter die Lupe zu nehmen. Schließlich hilft er uns, andere tückische Zuckerfallen im direkten Vergleich mit der geliebten wie auch verhassten braunen Brause besser in den Gesamtkontext setzen zu können. Wie so oft variiert der tatsächliche Zuckergehalt von Cola je nach Hersteller. 3,5 Stück Würfelzucker pro 100 Milliliter befinden sich im Produkt des Weltmarktführers. Damit erreicht Cola nicht ganz den Wert der vergleichbaren Menge Apfelsaft und landet folglich, vermutlich zur Überraschung vieler, lediglich auf Platz neun dieser Liste. Eine andere Eigenschaft des Softdrinks erweist sich dafür als umso tückischer. Im Gegensatz zu diversen Fruchtsäften oder anderen hier aufgeführten Speisen enthält Cola keine Vitamine, Ballaststoffe oder sonstige wertvolle Inhaltsstoffe. Deshalb ist das Getränk auch völlig ungeeignet, um etwaige Hungergefühle effektiv zu bekämpfen.

10. Orangensaft

O-Saft schmeckt lecker, erfrischt, ist reich an Vitamin C. Und versorgt uns mit annähernd genauso vielen Kalorien wie die gleiche Menge Cola. Denn was den wenigsten bewusst ist: In gerade einmal 100 Millilitern O-Saft stecken im Durchschnitt etwa 3,3 Würfel Zucker. Wer seine Figur schonen möchte, ist daher gut beraten, auch Orangensaft mit einer gehörigen Portion Wasser zu mischen. All diejenigen, die auf den puren Geschmack nicht verzichten wollen, sollten den Saft Schluck für Schluck bewusst genießen und das Getränk als flüssiges Nahrungsmittel betrachten.

Die 10 besten Schauspieler aller Zeiten

Experte: Jan-Rüdiger Vogler, Film- und Fernsehjournalist

1. Marlon Brando
2. Robert De Niro
3. Spencer Tracy
4. Jack Nicholson
5. Laurence Olivier
6. James Stewart
7. Anthony Hopkins
8. Jack Lemmon
9. Gérard Depardieu
10. Burt Lancaster

Die 10 schwersten Flugunfälle der Welt

Experte: Jan-Arwed Richter, JACDEC, Luftfahrtexperte und Autor

1. **Teneriffa, 1977**
   Ort: Teneriffa-Los Rodeos Flughafen, Kanarische Inseln, Spanien
   Gesellschaften: KLM und Pan American World Airways (Pan Am)
   Todesopfer: 583
   Überlebende: 61

2. **Mount Otsutaka, 1985**
   Ort: Mount Otsutaka, Japan
   Gesellschaft: Japan Air Lines
   Todesopfer: 520
   Überlebende: 5

3. **Charki Dhadri, 1996**
   Ort: nahe Charki Dhadri, Indien
   Gesellschaften: Saudi Arabian Airlines und Kazakhstan Airlines
   Todesopfer: 347
   Überlebende: keine

4. **Ermenonville, 1974**
   Ort: Ermenonville, nördlich von Paris
   Gesellschaft: THY – Turkish Airlines
   Todesopfer: 346
   Überlebende: keine

5. Fastnet, 1985
Ort: Atlantik vor Fastnet, Irland
Gesellschaft: Air India
Todesopfer: 329
Überlebende: keine

6. Riad, 1980
Ort: Riad-International Airport, Saudi-Arabien
Gesellschaft: Saudia
Todesopfer: 301
Überlebende: keine

7. Kinshasa, 1996
Ort: Kinshasa-N'dolo-Flughafen, Zaire
(Demokratische Republik Kongo)
Gesellschaft: African Air
Todesopfer: 298
Überlebende: 50+

8. Straße von Hormuz, 1988
Ort: Straße von Hormuz, Iran
Gesellschaft: Iran Air
Todesopfer: 290
Überlebende: keine

9. Lockerbie, 1988
Ort: Lockerbie, Schottland, Vereinigtes Königreich
Gesellschaft: Pan Am
Todesopfer: 282
Überlebende: keine

10. Chicago, 1979
Ort: Chicago-O'Hare International Airport, Illinois, USA
Gesellschaft: American Airlines
Todesopfer: 273
Überlebende: keine

Die 10 widerlichsten Ungeziefer im Haus

Expertin: Annika Martinius, freie Autorin

1. **Holzwurm**
2. **Speckkäfer**
3. **Kakerlaken**
4. **Silberfischchen**
5. **Spinnen**
6. **Mücken**
7. **Kleidermotten**
8. **Lebensmittelmotten**
9. **Wanzen**
10. **Ameisen**

Die 10 besten Methoden, im Internet seriös Geld zu verdienen

Expertin: Dr. Claudia Kratz, Promotion in Wirtschafts- und Sozialwissenschaft, seit zehn Jahren aktive Sportlerin

1. **Texte schreiben**
   Eine zuverlässige, flexible und risikofreie Nebenverdienstmöglichkeit im Internet ist das Anfertigen von Texten nach den spezifischen Anforderungen einzelner Kunden. Plattformen wie Textbroker oder Clickworker makeln zwischen Auftraggebern und Autoren.

2. **Dienstleistungen aller Art**
   Dienstleistungen aller Art kann man einfach und bequem über Plattformen wie MyHammer einstellen. Umgekehrt kann jeder, der eine Dienstleistung sucht oder eine Arbeit zu vergeben hat, seine Anfrage eingeben. Der Preis wird zwischen Kunde und Lieferant frei verhandelt, der Kunde kann wählen, ob er einen professionellen Anbieter haben möchte oder nicht.

3. **Eine eigene Website**
   Eine eigene Website ist für diejenigen interessant, die eine besondere Dienstleistung anzubieten haben und vermarkten möchten. Das kann eine handwerkliche Tätigkeit sein, Büroarbeiten aller Art oder was immer man anderen Menschen an Unterstützung anbieten kann, um damit Geld zu verdienen.

4. Paidmails

Paidmails sind meist Werbe-E-Mails, die man liest und bestätigt. Für die Bestätigung einer gelesenen E-Mail erhält man eine Vergütung. Es gibt heute unzählige Paidmail-Dienste, es kommen regelmäßig neue hinzu, und alte verschwinden vom Markt.

5. Online verkaufen

Eine gute Möglichkeit, nicht mehr benötigte Kleidung, Werkzeuge und Haushaltsartikel aller Art zu Geld zu machen, ist der Online-Verkauf. Eine etablierte und renommierte Plattform dafür ist Ebay. Über Ebay finden nicht nur professionelle Ein- und Verkäufer zusammen, sondern auch private Käufer und Verkäufer, die das eine oder andere einfach nur loswerden oder billige Schnäppchen ergattern möchten.

6. Produkttests

Auch mit der Veröffentlichung von Produkttests kann man im Internet Geld verdienen. Etablierte Plattformen dafür sind Dooyoo oder Yopi. Man erstellt für ein neues Produkt, das man ausprobiert hat, einen möglichst detaillierten und gewinnbringenden Testbericht. Dieser Testbericht wird auf der Plattform veröffentlicht. Meist wird jeder Abruf mit positiver Bewertung des Lesers vergütet. Auch hier ist der Verdienst pro Testbericht eher gering, so dass man möglichst viele Berichte einstellen sollte, um ein kleines Taschengeld zu erwirtschaften.

7. Umfragen

Eine sehr interessante Möglichkeit, Geld im Internet zu verdienen, ist die Teilnahme an Umfragen. Auch hier ist es empfehlenswert, sich in mehreren Plattformen anzumelden, denn der Verdienst pro Umfrage ist meist recht gering. Hat man die Chance, sich bei einer internationalen Plattform anzumelden – meist bei US-amerikanischen oder kanadischen –, ist der Verdienst schon etwas höher, denn diese Umfragen werden besser bezahlt. Bei der Teilnahme an Umfragen ist darauf zu achten, dass einige Anbieter nur mit Sachpreisen oder Gutscheinen bezahlen, nicht aber mit Bargeld.

8. Wissenschaftliche Arbeiten

Einige Internetplattformen wie Diplom.de bieten die Veröffentlichung von wissenschaftlichen Arbeiten online gegen einen geringen Kostenausgleich an. Mit jedem Download des Werkes aus dem Internet verdient man einen kleinen Beitrag als Ausgleich für die jahrelange mühselige Arbeit.

9. Ein eigener Online Shop

In einem eigenen Online Shop kann man verkaufen, was immer man möchte. Man kann selbst Waren günstig einkaufen oder herstellen und mit etwas höherem Preis verkaufen, so dass pro Stück ein kleiner Gewinn übrig bleibt. Kostenlose Shop-Software im Web gibt es genug. Ob Elektroartikel, Kleidung, Schreibwaren oder Schmuck – der Phantasie sind dabei kaum Grenzen gesetzt. Ein Online Shop erfordert keine Vorkenntnisse, man muss lediglich eine eigene Webseite erstellen und genug Lagerraum bieten. Vorhandenes Produktwissen zu den verkauften Artikeln ist von Vorteil, aber nicht zwingend nötig.

10. **YouTube**
    Auch mit der Veröffentlichung von Videos und Clips auf YouTube kann man Geld im Internet verdienen. Das Prinzip ist recht einfach – man produziert ein Video und stellt es auf YouTube. In dem Video wird Werbung platziert, oder bekannte Markenprodukte werden verwendet. Der Produzent des kleinen Clips wird an den entsprechenden Werbeeinnahmen beteiligt.

Die 10 unmöglichsten Methoden, eine Beziehung zu beenden

Expertin: Nike Steiner, Musik-, Mode-, Beauty & Wellness-, Lifestyle-Autorin

1. **per SMS**
2. **via Anrufbeantworter**
3. **auf einem Post-it-Zettelchen**
4. **einfach aussitzen**
5. **»Wir sollten uns auch mal mit anderen Leuten verabreden.«**
6. **»Lass uns eine Pause machen.«**
7. **»Es liegt nicht an dir, es liegt an mir.«**

8. »Ich hab dich einfach nicht mehr so lieb«
9. Den Nachfolger vorstellen
10. Trennungsagentur

Die 10 effektivsten Diäten

Experte: Anke Udelhoven, Dipl. Oecotrophologin und Heilpraktikerin

1. **Weight Watchers – Punkte zählen für ein neues Lebensgefühl**
Fast jeder kennt Weight Watchers oder jemanden, der damit abgenommen hat. Ziel ist, bei der Lebensmittelauswahl bewusst bessere Entscheidungen zu treffen und so abzunehmen und langfristig gesünder zu essen. Dafür bekommt jeder Teilnehmer ein Punktebudget, das auf Basis von Gewicht, Geschlecht, Körpergröße und Alter berechnet wird und in eine Wochenbilanz eingeht. Auch jedes Lebensmittel hat Punkte, die abhängig von den Inhaltsstoffen sind. Fettreiche Speisen haben viele Punkte, ballaststoffhaltige (wie Gemüse) wenig. Sie haben die Wahl, ob Sie zu den klassischen Treffen gehen wollen und von der Gruppendynamik profitieren oder sich lieber über Internet und Smartphone unterstützen lassen. Die zweite Variante wird besonders für Männer ausgelobt. Kostenpflichtig sind alle Wege. Inzwischen gibt es eine ganze Reihe Kochbücher und Internetforen. Weight Watchers lohnt sich vor allem für Sie, wenn Sie

gerne eine feste Struktur durch Treffen oder Pflegen des Internetprofils haben. Bewegung und Entspannung stehen nicht im Mittelpunkt, werden aber empfohlen. Das Punktezählen kann irgendwann zur Nebensache werden und so zu einer langfristig gesünderen Ernährung führen.

2. **Brigitte-Diät – seit über 50 Jahren erfolgreich**
Die Diät der bekannten Frauenzeitschrift basiert auf einer kalorien- und fettreduzierten Mischkost, die in den vergangenen Jahren an die neuen Erkenntnisse der Ernährungstheorie angepasst wurde. Es gibt klare Vorgaben zu Menge und Inhaltsstoffen, die täglich verzehrt werden sollen. Den Speiseplan stellen Sie sich aus einem stetig wachsenden Rezeptpool selbst zusammen. Die Rezepte sind geprüft und berücksichtigen, dass heute in den wenigsten Fällen viel Zeit zum Kochen bleibt. Begleitet wird die Diät von einem kostenpflichtigen Online-Coach, der ein sehr umfangreiches Angebot aufweist: vom individuellen Ernährungsplan über Sportprogramme abhängig vom Fitnessgrad, Entspannungsübungen, jede Menge Rezepte und Tipps bis zur Nährstoffbilanz, auch gibt es inzwischen eine Smartphone-App für unterwegs. Die Brigitte-Diät ist für alle interessant, die gerne nach Rezepten kochen und sich dabei rundum versorgt wissen möchten. In vielen Foren findet ein reger Austausch statt, und sogar das eigene Lieblingsrezept lässt sich diättauglich gestalten. Das vermittelte Wissen hilft, auch nach der Diät die Ernährung den tatsächlichen Anforderungen anzupassen und so das Gewicht zu halten.

3. Fit-for-Fun-Diät – abnehmen mit Sport und Spaß

Gemäß dem Motto der Zeitschrift steht hier Bewegung im Mittelpunkt: Dreimal wöchentlich eine Stunde Ausdauer- oder Kraftsport ist das Minimum. Die weiteren Säulen sind Entspannung und eine energiereduzierte Mischkost, die mit 30 bis 50 Gramm Fett am Tag auskommt. Basis der Diät ist das Buch (auch als eBook). Dort finden sich Speisepläne, Rezepte und jede Menge Tipps zum Durchhalten. Auch wie es nach Erreichen des Wunschgewichtes weitergehen kann, ist aufgeführt. Eine individuelle Betreuung, wie durch einen Internet-Coach, gibt es nicht, aber auf der Homepage der Zeitschrift sind sehr viele Informationen rund um die drei Säulen der Diät. Die Diät eignet sich vor allem für Sie, wenn Sie gerne (mehr) Sport treiben und so Fettpölsterchen gezielt loswerden möchten. Sie ist durch den Lerneffekt auf eine dauerhafte Ernährungsumstellung ausgerichtet und sorgt für die Integration von Bewegung und Entspannung in den Alltag. Eine Kombi, die vor allem Männer anspricht.

4. Personal Trainer – individuelle Betreuung für jeden Geschmack

Jeder Mensch is(s)t anders, und die meisten, die abnehmen möchten, haben eine ganz spezielle Geschichte. Diese zu berücksichtigen und auf ihrer Basis ein maßgeschneidertes Programm zu erstellen ist die Aufgabe eines persönlichen Trainers. Seriöse Anbieter halten sich dabei an Ernährungsempfehlungen nach aktuellem Stand der Wissenschaft und haben häufig eine fundierte

Sportausbildung. Eine persönliche Betreuung gibt es inzwischen auch über das Internet oder als E-Mail-Coaching. Das ist im Regelfall deutlich preisgünstiger und lässt sich gerade im Bereich der Ernährungsumstellung gut umsetzen. Wer seinen Schwerpunkt auf sportliche Betätigung legen möchte und in der Hinsicht aus der Übung ist, ist mit einem Anleiter, der die Bewegungsabläufe kontrolliert, deutlich besser dran. Dazu kommt Hilfe beim Einkauf, ein gemeinsamer Blick in den Kühlschrank bis hin zur Optimierung von Tagesabläufen. Der Personal Trainer ist sicherlich eine eher kostenintensive Wahl. Die absolut auf Sie zugeschnittene Betreuung und der hohe Grad an Aufmerksamkeit ist aber auch einer der größten Motivatoren. Besonders für Menschen, die beruflich unter starkem Stress stehen, eine echte Empfehlung.

5. **»ICH nehme ab« – das Programm. Abnehmen nach den Regeln der DGE (Deutsche Gesellschaft für Ernährung)**
Die Deutsche Gesellschaft für Ernährung legt schon seit Jahrzehnten fest, was auf unserem Teller als gesund und wünschenswert gilt, dazu gehören unter anderem die Einnahmeempfehlungen für Energie, Nährstoffe, Vitamine und Mineralstoffe sowie der Ernährungsbericht, der alle vier Jahre erscheint. Außerdem erstellt sie Standards, die in der Beratung und Gemeinschaftsverpflegung zum Tragen kommen. Auf dieser Basis gibt es ein Abnehmprogramm, das über den Zeitraum von zwölf Wochen eine Umstellung des Essverhaltens trainiert hin zu einer fettarmen, kohlenhydratreichen Mischkost, die viel

Gemüse und Obst enthält. Empfehlungen zu mehr Bewegung im Alltag und Entspannungsübungen runden die Informationen ab. Es brauchen keine Kalorien gezählt werden. Im Mittelpunkt steht der Fettgehalt der Lebensmittel, umfangreiche Tabellen und ein Bausteinsystem zur Anpassung der Lieblingsrezepte erleichtern das Umdenken. »ICH nehme ab« hat ganz klar das Ziel, die Ernährungs- und Lebensweise dauerhaft zu verändern. Der Weg dahin ist nicht ganz einfach und benötigt ein gewisses Maß an Disziplin. Wer durchhält, wird mit einer zwar langsamen, aber beständigen Gewichtsabnahme belohnt.

6. **Low Fat 30 – Fett sparen lässt Fett schmelzen**
Fett macht fett. Das Konzept ist so einfach, wie es klingt. Nur 30 Prozent der insgesamt aufgenommenen Kalorien dürfen aus Fett stammen. Wer das konsequent umsetzt, wird automatisch abnehmen. Unterstützt wird das Ganze durch mehr Alltagsbewegung und Ausdauersport sowie Entspannungsübungen. Das Ausrechnen der Fettkalorien erfordert ein wenig Übung. Nicht der Fettgehalt, wie er auf der Lebensmittelverpackung steht, ist entscheidend, sondern sein prozentualer Anteil an der Gesamtenergie. Die Rechenarbeit können Sie sich von einem Handyprogramm abnehmen oder mit Hilfe einer altmodischen Pappscheibe berechnen lassen. Das Programm wird in verschiedenen Varianten als Internet-Coaching angeboten und von vielen Krankenkassen als Präventionsmaßnahme bezuschusst. Inzwischen gibt es auch für unterschiedliche Geschmäcker passende Kochbücher. Geeignet ist Low Fat 30 für jeden, der ein wenig Rech-

nerei nicht scheut. Die Rezepte sind zahlreich, auch klassische Rezepte lassen sich fettärmer gestalten. Wenn die 30 Prozent nicht unterschritten werden, ist es für eine dauerhafte Ernährung geeignet. Durch die Reduktion des Geschmacksträgers Fett werden unsere Sinne angeregt, das ursprüngliche Aroma der einzelnen Speisen wieder deutlicher wahrzunehmen.

7. Schlank im Schlaf – Stoffwechsel normalisieren und nebenbei abnehmen

Basierend auf der Insulin-Trennkost von Dr. Pape, sind die Grundgedanken dieser Methode inzwischen in die meisten modernen Abnehmprogramme eingeflossen. Ursprünglich für die Behandlung von Diabetikern und Risikopatienten entwickelt, profitieren immer mehr Menschen von dem Effekt. Ziel ist, die Ausschüttung des Hormons Insulin auf ein gesundes Maß zu reduzieren und dem Körper wichtige Ruhephasen zu ermöglichen. Dabei sind zwei Punkte essentiell: die Einhaltung von fünf Stunden Pause zwischen zwei Mahlzeiten und ein Abendessen, das überwiegend aus Eiweiß besteht und auf die typischen kohlenhydratlastigen Beilagen wie Brot verzichtet. Zum Abnehmen – und gesund Leben – ist außerdem ein regelmäßiges Sportprogramm wichtig, das in zahlreichen Büchern gut beschrieben ist. Außerdem gibt es Internet-Coachings, die unterstützen und mit Tipps und Rezepten versorgen. Schlank im Schlaf ist ein Programm, das sich als dauerhaftes Konzept leben lässt und gerade für Männer interessant, da die Insulin-Trennkost besonders das Fett am Bauch schmelzen lässt. Der Verzicht auf Zwischenmahlzeiten wird recht schnell zur

Gewohnheit und Alternativen für das klassische Abendbrot gibt es viele.

8. Metabolic Balance – Der Schlüssel liegt im Blut

Einen ins Ungleichgewicht geratenen Stoffwechsel soll das Programm von Metabolic Balance wieder ins Lot bringen und das dabei entstandene Übergewicht ganz nebenbei reduzieren. Eine Analyse des Blutes auf 36 spezifische Parameter ist die Grundlage dafür, was Sie essen dürfen und was schadet. Auf Basis der Blutuntersuchung errechnet ein Programm den individuellen Ernährungsplan. In verschiedenen Stufen geht es von einem strengen Einstieg, bei dem nur eine sehr beschränkte Anzahl an Nahrungsmitteln erlaubt sind, über eine Zeit, in der neue Speisen ausgetestet werden können, zur Erhaltungsphase. Dabei sind verschiedene Regeln zu berücksichtigen, beispielsweise relativ große Mengen Wasser zu trinken (35 ml/kg Körpergewicht), jeden Tag einen Apfel zu essen und zwischen den Mahlzeiten eine Pause von fünf Stunden einzuhalten. Metabolic Balance ist eine – vor allem am Anfang – stark reglementierte Diät. Die Blutanalyse ist verhältnismäßig kostenintensiv. Für jeden, der klare Spielregeln bevorzugt, eine gute Möglichkeit, seinem Stoffwechsel einzuheizen und dabei Pfunde zu verlieren, was in der Umstellungsphase aufgrund recht kleiner Portionsgrößen ziemlich rasch geht.

9. Die Logi-Methode – Essen wie die Steinzeitmenschen

Ziel ist es, allzu starke Schwankungen des Blutzuckerspiegels zu vermeiden und den Insulinpegel möglichst konstant zu halten. Die Kost besteht überwiegend aus Gemüse, Obst mit hohem Wassergehalt, Eiweißträgern, wie magerem Fleisch, Fisch und Milchprodukten, sowie hochwertigen Ölen. Kohlenhydrate in Form von Vollkornprodukten ergänzen in kleinen Mengen die Zusammenstellung. Weißmehlhaltiges und Süßigkeiten sollten nur sehr selten gegessen werden. Die Logi-Methode versteht sich ausdrücklich nicht als Diät, sondern als ideale Ernährungsform, um langfristig gesund zu bleiben und eventuell bestehendes Übergewicht abzubauen. Die Regeln orientieren sich an der – vermuteten – Nahrung der Urmenschen, die noch keinen Ackerbau kannten und daher so gut wie kein Getreide aßen. Ihre Mahlzeiten bestanden überwiegend aus Gemüse, Salaten und saisonalem Obst und dem, was die Jäger erlegen konnten. Dabei mussten sie sich zum Lebensunterhalt viel bewegen. Das Konzept wird besonders von Männern gerne angenommen. Der Appetit auf Süßigkeiten oder Teigwaren verschwindet mit der Zeit, und auch Heißhungerattacken gehören der Vergangenheit an. Auf Dauer reguliert sich der Stoffwechsel und überflüssige Pfunde schmelzen.

10. Vegan for fit – Tierschutz auf dem Teller macht schlank

Einfach mal den Reset-Knopf drücken und gleich in mehreren Lebensbereichen auf Diät gehen. Dabei den Kopf freibekommen, den Körper von Zivilisationsgiften befreien, Gewicht verlieren, fitter werden und nebenbei noch etwas für Tier und Umwelt tun. Das sind die Versprechen von Vegan for fit. Im Buch und organisierten

Online-Foren können Sie erfahren, wie gut es sich anfühlt, auf tierische Produkte, Konservierungsstoffe, künstliche Aromen, Hilfs- und Füllstoffe, Zucker, Weißmehl und auch Kaffee zu verzichten. Und vor allem, wie hochwertig, abwechslungsreich und lecker die vegane Küche ist. Die sogenannte Challenge bietet ein ganzes Buch an Rezepten, aus denen in 30 Tagen gewählt werden kann. Die Produkte sollten aus Bioanbau stammen. Dazu gibt es ein konkretes Sportprogramm mit bebilderten Anleitungen und Tipps, wie mehr Bewegung in den Alltag integriert werden kann. Für jemanden, der bisher keinen Kontakt zur veganen Küche hatte, sicherlich wirklich eine Herausforderung, aber eindeutig eine lohnende. Mit Köstlichkeiten auf dem Teller über den Tellerrand schauen und dabei spielend abnehmen ist zeitgemäß und liegt im Trend.

Die 10 berühmtesten Filmstars, die nie einen Oscar erhielten

Experte: Jan-Rüdiger Vogler, Film- und Fernsehjournalist

1. **Richard Burton**
2. **Peter Sellers**
3. **John Malkovich**
4. **Steve McQueen**
5. **Johnny Depp**

6. Robert Mitchum
7. Marcello Mastroianni
8. Harrison Ford
9. Tom Cruise
10. Bruce Willis

Die 10 geläufigsten Versprecher, die sich im Volksmund eingebürgert haben

Experte: Von Meik Puppe, Texter, Musiker, Mathematiker

1. **»gang und gebe«**
   Falsch: »Morgens ein Glas Saft zu trinken ist bei mir gang und gebe.«
   Richtig: »Morgens ein Glas Saft zu trinken ist bei mir gang und gäbe.«

2. **»der/die/das Einzigste«**
   Falsch: »Du bist der einzigste Grund, weshalb ich bleibe.«
   Richtig: »Du bist der einzige Grund, weshalb ich bleibe.«

3. **»optimaler«**
   Falsch: »Die Sache hast du ja optimaler gelöst als gedacht.«
   Richtig: »Die Sache hast du ja optimal gelöst.«

4. Spaghettis, Tortellinis und Co.
Beispiel: »In den Topf kommen 100 Gramm Spaghettis.«
Richtig: »In den Topf kommen 100 Gramm Spaghetti.«

5. »Mund-zu-Mund« gibt's nur beim Küssen oder Beatmen
Falsch: »Dass er immer beliebter wird, liegt doch an reiner Mund-zu-Mund-Propaganda.«
Richtig: »Dass er immer beliebter wird, liegt doch an reiner Mundpropaganda.«

6. Der berühmte »Wehmutstropfen«
Falsch: »Das Gegentor in der letzten Minute war ein echter Wehmutstropfen.«
Richtig: »Das Gegentor in der letzten Minute war ein echter Wermutstropfen.«

7. Der »Imbus-Schlüssel«
Falsch: »Reich mir mal bitte den Imbus-Schlüssel!«
Richtig: »Reich mir mal bitte den Inbus-Schlüssel!«
(Innensechskantschlüssel Bauer und Schaurte)

8. »Psychater« und »Psychatrie«
Falsch: »Er ist gestern in die Psychatrie eingeliefert worden.«
Richtig: »Er ist gestern in die Psychiatrie eingeliefert worden.«

9. Falsches »der, die, das ...«
Falsch: »Die Krake Paul ist durch manchen Fußball-Blog bekannt.«

Richtig: »Der Krake Paul ist durch manches Fußball-Blog bekannt.«

10. »Kreissaal« und »Litfasssäule«
Falsch: »Der Werbezettel an der Litfasssäule zeigt einen Kreissaal.«
Richtig: »Der Werbezettel an der Litfaßsäule zeigt einen Kreißsaal.«

Die 10 ekligsten Delikatessen der Welt

Expertin: Andrea Ege, Journalistin und PR-Expertin für Lifestyle, Reise, Fitness & Gesundheit

1. Tausendjährige Eier
Für diese chinesische Delikatesse werden Enten- oder Hühnereier drei Monate lang in einer Masse aus Wasser, Salz, gebranntem Kalk, Kiefernadelasche und Holzkohle eingelegt. Bisweilen wird der Sud auch aus Asche, Salz, Zitrone und Tee kreiert. Das Eiweiß verfärbt sich, wird dunkel und geleeartig. Der Dotter wird grün und nimmt eine quarkartige Konsistenz an. Mit der Farbe verändert sich auch der Geruch und erinnert an stark würzigen Käse. Serviert werden die »Songhua Dan«-Eier als Vorspeise oder Snack.

2. Gammelrochen
Flüstern die Eltern ihren Kinder »noch einmal schlafen« zu, ist es so weit. Die kulinarische Katastrophe des Jahres

kommt in Island am 23. Dezember auf den Tisch – zumindest ist sie das für jeden weit Angereisten. Die Rede ist von »Kaest Skata«, dem Gammelrochen. Er ist im frischen Zustand hochgiftig, stinkt verrottet schlimmer als Pferdeurin, besteht aus glitschigem Fleisch und wird gemeinsam mit ausgelassenem Schaffett zu einer zähen, weißen Paste verrührt. Um den Gaumen der um Atem ringenden Gäste zu kitzeln (und die Nase unter extremen olfaktorischen Stress zu setzen), verweste der Rochen zuvor bei konstanter Temperatur vier bis fünf Wochen lang in einem Bottich vor sich hin.

3. Geröstete Vogelspinnen

Arachnophobiker würgt es bei diesem Gericht am meisten. Aber auch Menschen mit etwas weniger Angst vor Spinnen läuft nicht gerade das Wasser im Mund zusammen, hören sie von diesem Leibgericht vieler Thailänder, Indianer des Amazonasgebiets und Kambodschaner: geröstete Vogelspinnen. Die Tiere werden in Bananenblätter gewickelt und kurz über dem Feuer geröstet. So werden sie außen knusprig und innen ganz zart. Ambitionierte Köche bereiten sie zudem mit Knoblauchgeschmack zu. Das Fleisch der Spinne soll an den Geschmack von Huhn erinnern.

4. Mini-Küken-Embryo

Auf den Philippinen, in China und in Vietnam gilt »Balut« als fragwürdiger Höhepunkt auf dem Tisch: ein angebrütetes Ei. 17 Tage lang müssen die Enten- oder Hühnereier auf den Philippinen in warmen Körben liegen, bis sie kulinarisch reif sind, den Vietnamesen schmecken sie erst nach dem 19. Tag. Wie lange auch immer: Einfach zu essen sind sie so oder so nicht. Der Embryo ist bereits deutlich zu erkennen. Schnabel und Federn inklusive. Er schwebt in einer Flüssigkeit, die vorsichtig ausgeschlürft wird. Danach ist der Körper dran. Das braunschwarze Fleisch soll scharf schmecken und wird auf Wunsch mit einem Essig-Dip, in einer Teighülle oder einfach nur mit grobkörnigem Salz serviert. Einer der Hauptgründe für die Beliebtheit ist jedoch wahrscheinlich: Balut soll potenzsteigernd sein.

5. Muttermilchkäse

Fast jeder von uns hat die erste Zeit seines Lebens davon gelebt. Und fast jeder liebt Käse. Wieso also nicht Muttermilch-Käse essen? Eigentlich spricht nichts dagegen. Dies dachten sich auch der New Yorker Restaurantbesitzer Daniel Angerer und seine Frau Losi. Sie hatte mehr parat, als ihr Baby trinken wollte. Also nix wie ab in die Küche, die Muttermilch mit Joghurt, Lab und Meersalz aufgepeppt und reifen lassen. Und schon war er fertig, der Muttermilchkäse, serviert mit Feigen, ungarischem Pfeffer und einem Riesling-Wein.

6. Milbenkäse

Fast wäre er ausgestorben in Deutschland, doch er lebt noch, der lebendigste Käse der Welt – hergestellt in Würchwitz, 50 Kilometer südlich von Leipzig. In jedem Stückchen wimmeln Tausende von Tierchen: Milben. Auf ihren acht Beinchen staksen sie erst durch den Käse, dann über die menschliche Zunge, bis es sie erwischt. Kein angemessener Tod, schließlich haben sie in den letzten Monaten ihres Lebens mit ihren Ausscheidungen dafür gesorgt, dass der Käse so wurde, wie er sein muss: fast schwarz, ziemlich pikant, prickelnd und etwas salmiakartig.

7. Tomatensaft mit Schafsauge
Die Einwohner der Mongolei bekämpfen mit einem etwas anderen Mittel aus der Hausapotheke die nervigen Nachwirkungen eines alkoholreichen Abends: Zum Katerfrühstück wird ein Glas Tomatensaft serviert, in dem ein Schafsauge schwimmt.

8. Schwalbennester
Es ist sehr schwer, sie zu bekommen. Die Sammler klettern an den Felsenküsten Thailands, Indonesiens, Borneos und Indiens unter gefährlichen Umständen in schwindelnde Höhen, um die Nester der Salanganen, Schwalbennester genannt, abzubrechen. Von dort werden sie nach China exportiert – und sind eine der teuersten Highlights der Haute Cuisine. Die Nester bestehen aus dem getrockneten, zähen Speichel der Vögel. Gründlich gereinigt werden sie in Wasser aufgequollen, kleingeschnitten und mit Kalbfleisch in Hühnerbrühe gegart.

9. Froschcocktail
Grausamer geht's kaum. Ekliger fast auch nicht. Man nehme: Einen der seltenen Titicaca-Frösche, häute ihn bei lebendigem Leibe, schmeiße ihn mit Honig, Wasser und einer Wurzelknolle in einen Mixer – und ab damit. Der Cocktail ist ein Renner in der peruanischen Haupt-

stadt Lima. Wahrscheinlich weniger wegen des Geschmacks, eher aufgrund des angeblich potenzsteigernden Effekts.

10. Lebender Tintenfisch
Zu den infernalischen Delikatessen in Korea gehört der Oktopus. Klingt eigentlich nicht schlecht – sofern man ihn zubereitet. Aber genau dies tun die Koreaner nicht. Das Tier muss nicht nur roh verzehrt werden, sondern auch noch so lebendig wie möglich. Vor allem Männer kitzeln ihre Gaumen mit den glitschigen Saugnäpfen. Warum? Weil es natürlich die Potenz fördert. Angeblich.

Die 10 populärsten Mythen der Psychologie

Expertin: Dr. Beatrice Wagner, Paar- und Sexualtherapeutin aus München, Buchautorin

1. Mozart macht schlau
Hirnforscher haben einmal gezeigt, dass Musik Einfluss auf die Geisteskraft besitzt. Collegestudenten hatten bei einer komplizierten Aufgabe, die das räumliche Vorstellungsvermögen beanspruchte, deutlich bessere Leistungen erbracht, wenn sie nebenher eine Sonate von Mozart hörten – war in der wissenschaftlichen Zeitschrift Nature im Jahr 1993 zu lesen. Aus irgendeinem Grund wurde die Studie missinterpretiert. Und seitdem werden arme Ungeborene mit Mozart traktiert, damit sie später

als Genies auf die Welt kommen. Aber leider ist dies vergebens. Das passive Rezipieren von Musik bringt gar nichts. Denn Lernen ist immer mit Aktivität verbunden. Das ist ein allgemeines Prinzip des Gehirns und vergleichbar mit dem Unterschied zwischen Selbstfahren und als Beifahrer gefahren zu werden. Beifahrern fällt es schwer, sich einen neuen Weg einzuprägen. Würden sie am Steuer sitzen, gelänge ihnen dies leicht.

2. Menschen nutzen nur zehn Prozent ihres Gehirns

Dieser Mythos hält sich besonders hartnäckig. Denn das wäre ja toll: Dann hätten wir noch 90 Prozent schlafende Neuronen. In jedem von uns würde ein kleiner Einstein stecken, wenn wir die Neuronen nur aufwecken könnten. Aber leider stimmt hier irgendetwas nicht. Das Gehirn ist nämlich ein effektiv arbeitendes Organ, das alle seine Bereiche einsetzt. Es arbeitet nur nicht mit allen Bereichen gleichzeitig. Aber das Gehirn ist so stark vernetzt, dass jede seiner 100 Milliarden Nervenzellen über nur höchstens vier Schaltstellen von jeder anderen Nervenzelle entfernt ist. So entsteht zum Beispiel Intuition: Aus allen Bereichen des Gehirns werden Informationen zusammengetragen und verknüpft. Im Gehirn gibt es also je nach Aufgabe aktiv arbeitende Zentren und nicht aktiv gebrauchte Zentren, die sich aber in einem Bereitschaftszustand befinden. Ändert sich die Aufgabe, ändert sich auch die Aktivierung.

3. Die Handschrift verrät unseren Charakter

Wer eine kleine Handschrift hat, will unauffällig erscheinen, ist also schüchtern. Ganz im Gegensatz zu denen, die energisch Platz auf dem Papier beanspruchen: Wer großspurig schreibt, verhält sich auch so in Gesellschaft. Die Deutungen klingen überaus plausibel – sind aber trotzdem nur Küchentischpsychologie, schreibt sinngemäß Uwe Peter Kanning, Professor für Wirtschaftspsychologie an der Hochschule Osnabrück (Von Schädeldeutern und anderen Scharlatanen, 2010). Er hat 200 empirische Studien ausgewertet und kam zu dem Ergebnis: Eine Handschrift lässt keine Rückschlüsse auf die Persönlichkeit des Verfassers zu. Auf ihrer Basis lassen sich auch keine beruflichen Leistungen vorhersagen.

4. Vollmond macht kriminell

Dem Mond wurden schon Kräfte zugeschrieben. Legenden vom Werwolf, von Vampiren und Schlafwandeln sprechen dafür. Bis heute werden Straftaten mit dem Mond-Effekt erklärt. Letzteres geht auf den Psychiater Arnold Lieber zurück. Er popularisierte die Idee, dass es eine Verbindung zwischen Vollmond und Verhalten gebe. Die übliche pseudowissenschaftliche Erklärung: Schließlich bestehen wir zu einem Großteil aus Wasser. Der Mond übt eine Anziehungskraft auf das Wasser aus, weswegen es Ebbe und Flut gibt. Und deswegen werde auch unser Gehirn mit seinem Gehirnwasser durcheinandergebracht. Tatsächlich aber ist die Anziehungskraft des Mondes auf unser Körperwasser sehr gering. Außerdem ist für die Mondanziehungskraft nicht die

Sichtbarkeit des Mondes entscheidend, sondern seine Nähe zur Erde.

5. Menschen können während des Schlafs lernen

Lernen im Schlaf – Hypnopädie – war eine Zeitlang groß in Mode und ist immer noch aktuell. Die Idee ist, dass wir unterschwellige Botschaften hören, die sich ins Unbewusste eingraben sollen und uns dann im rechten Moment zur Verfügung stehen. Ein Grund, weswegen uns diese Idee plausibel vorkommt, ist die Erfahrung, dass wir manchmal äußere Stimuli in unsere Träume einbauen, wie etwa das Klingeln des Telefons. Andere Studien ergänzten die Hinweise auf das schlafgestützte Lernen: Eine Forschungsgruppe setzte Seeleute während des Schlafs Morsezeichen aus. Diese Seeleute erlernten Morsezeichen daraufhin besonders schnell. Wahrscheinlich aber haben die Tonbandaufnahmen die Versuchspersonen aufgeweckt, was nicht überprüft worden ist. Insofern aber wurde eine andere These gefestigt, die wir uns merken sollten: Wir lernen dann am besten und nachhaltigsten, wenn wir uns hinterher ausruhen können, am besten mit einer Mütze voll Schlaf.

6. Man sollte besser auf sein Bauchgefühl hören

Wir haben zwei Möglichkeiten, Situationen zu beurteilen. Die eine ist das rationale Abwägen von Argumenten, die für oder gegen einen Sachverhalt sprechen. Die andere ist das Bauchgefühl, die Intuition. In Letzterer spielen Gefühle, nicht unmittelbar bewusste Sachverhalte und schon einmal erlebte Muster eine Rolle. Ob das Bauchgefühl oder die rationale Abwägung besser ist, hängt damit zusammen, wie sattelfest Sie in dem Bereich sind, in dem Sie sich entscheiden sollen. Wenn Sie Kommissarin sind und schon Zigtausende von Verbrechern dingfest gemacht haben, wird Ihnen beim nächsten Fall Ihr Bauchgefühl große Dienste erweisen. Ebenso wenn Sie als Arzt schon ungezählte Patienten vor sich hatten: Sie erkennen Krankheitsbilder, auch ohne dass Sie bewusst die Symptome abhaken. Wenn Sie aber unerfahren in einem bestimmten Gebiet sind, wird Ihnen die Intuition nichts helfen. Denn sie kommt eben nicht von oben, sondern setzt sich aus Ihren Erlebnissen und Ihrem Wissen zusammen. Überlegen Sie deshalb genau, ob Sie auf Ihr Bauchgefühl oder auf Ihre Argumente hören sollen.

7. Menschen mit Schizophrenie haben eine gespaltene Persönlichkeit

Die Schizophrenie und die gespaltene oder multiple Persönlichkeit sind zwei unterschiedliche Störungsbilder. Eine Schizophrenie geht ursächlich auf einen gestörten Dopaminhaushalt im Gehirn zurück. Die Krankheit äußert sich im Allgemeinen durch Störungen von Denken und Wahrnehmung. Dass man Gedanken nicht zu Ende denkt, ist typisch. Dass man meint, von außen kontrolliert zu werden oder durch unsichtbare Kräfte oder Strahlungen bedroht zu werden, ist es ebenfalls. Halluzinationen können ein Merkmal sein: Man hört Stimmen, sieht Erscheinungen oder spürt merkwürdige Sachen, wie etwa ein Stromgefühl am ganzen Körper. Dies kann von Wahngedanken oder überwertigen Ideen begleitet werden. Hinzu kommen oft »negative« Symptome, das heißt, manche Fähigkeiten des Menschen kommen nicht mehr zum Ausdruck, wie Gefühle oder Lebenskraft. Eine Schizophrenie kann sich in verschiedenen Gewändern zeigen. Doch die Persönlichkeitsspaltung gehört nicht dazu.

8. Gegensätze ziehen sich an
Hier sind Hobby-Therapeuten am Werk. Die diesem Irrtum zugrundeliegende Idee lautet: Wenn zwei Menschen sehr unterschiedlich sind, passen sie besonders gut zueinander und ergänzen sich gegenseitig. Das stimmt aber nicht. Wahr ist vielmehr, dass Gleich und Gleich am besten miteinander auskommen – vor allem auf längere Sicht.

9. Bei einem Unfall läuft die Zeit langsamer ab
»Der Unfall verlief wie in Zeitlupe, ich konnte jede Einzelheit wahrnehmen und mir blitzschnell überlegen, wie ich am besten handeln sollte.« So oder so ähnlich beschreiben Unfallopfer den Vorgang. So als ob das Gehirn in einen Zeitlupenmodus schaltet und einem die Gelegenheit gibt, verschiedene alternative Reaktionen zu überlegen. Aber das stimmt nicht alles. Die Zeit läuft nicht langsamer ab, wenn man sich in starken Stresssituationen befindet. Dies haben Forscher herausgefunden, die Probanden 30 Meter tief in ein Fangnetz springen ließen. Am Handgelenk wurde ein Monitor befestigt, auf dem abwechselnd Zahlen und Buchstaben zu sehen waren. Erschwerend waren die Bilder abwechselnd schwarz auf weiß und weiß auf schwarz zu sehen. Die Bilder wechselten so schnell,

dass die Probanden im Ruhezustand meist nur grau sahen und nur selten eine Ziffer oder einen Buchstaben erkannten. Die Idee: Wenn sich im freien Fall die Wahrnehmungsgeschwindigkeit erhöht, müsste auch die Trefferquote steigen. Das traf aber nicht zu. Allerdings hatten die Teilnehmer subjektiv das Gefühl, dass ihr freier Fall lange dauerte. Während sie hingegen andere beim Fallen beobachteten, hatten sie das Gefühl, die Zeit gehe schneller vorbei. Die Einschätzung der Dauer und die Wahrnehmungsgeschwindigkeit sind also verschiedene Mechanismen: Die subjektive Zeit verlängert sich unter Stress, die Wahrnehmungsgeschwindigkeit hingegen nicht.

10. Ärger muss man rauslassen

»Lass den Ärger raus, dann geht es dir besser«, so ein gutgemeinter Tipp. Um nicht dem Partner eins auf die Nase zu geben, der einen gerade geärgert hat, sollte man besser in ein Kissen hauen. Man stellt sich den Ärger dann so vor, als sei er irgendetwas Ekliges, das man aus dem Körper herauslassen muss, damit die Gesundung beginnen kann. Und Wut wie etwas, was man abreagieren kann. Seit vielen Jahren zeigen aber Studien, dass das Gegenteil der Fall ist. Wenn man sich ärgert und dann herumschimpft wie ein Rohrspatz und andere beleidigt und anbrüllt oder das Mobiliar kurz und klein schlägt, facht man den Ärger nur noch weiter an. Man schimpft sich in Rage. Wie aber geht man richtig mit Ärger um? Am besten wäre es, den Ärger mit konstruktivem Problemlösen zu begleiten. Formulieren Sie, was Sie am Partner stört, und sagen Sie ihm freundlich, was Sie lieber hätten. Wenn er Sie versteht, haben Sie ein Erfolgserlebnis, das von einer Dopaminausschüttung begleitet wird, weswegen Sie sich gut fühlen.

Die 10 besten Western aller Zeiten

Experte: Markus Martin, Redakteur

1. 12 Uhr mittags (1952)
2. Rio Bravo (1959)
3. Die glorreichen Sieben (1960)
4. Vierzig Wagen westwärts (1965)
5. Zwei glorreiche Halunken (1966)
6. Spiel mir das Lied vom Tod (1968)
7. Zwei Banditen (1969)
8. The Wild Bunch – Sie kannten kein Gesetz (1969)
9. Vier Fäuste für ein Halleluja (1972)
10. Erbarmungslos (1992)

Die 10 heißesten Saunabräuche, die nicht jeder kennt

Experte: Michael Schweer, Journalist, stellv. Chefredakteur von »Mein schönes Zuhause«, Ex-Chefredakteur von »Selbermachen«

1. **Begrüßungsaufguss**
Was in deutschen Saunas gemeinhin verpönt ist, gehört in finnischen Saunas zum guten Ton: Wer die heiße Kammer betritt, der greift zur Schöpfkelle und gießt einen guten Schwung Nass über die heißen Steine. In Deutschland obliegt der Aufguss dagegen zumeist dem Saunameister, der zu festen Zeiten erscheint und das Ganze in ein mehr oder weniger aufwendiges Zeremoniell kleidet.

2. **Birkenbüschel**
Es hat keineswegs sadomasochistische Anklänge, wenn ein Finne begeistert vom Schlagen mit Birkenbüscheln in der Sauna berichtet. Schon deshalb nicht, weil diese Büschel belaubt sind und im Gegensatz zu Zweigen keine Schmerzen erzeugen. Das Ritual, das auch in Russland praktiziert wird, dient allein zur Belebung der Blutzirkulation. Das frische Birkengrün wird dazu zunächst ins Wasser und dann ganz kurz auf den Ofen gelegt. Damit erschließt man die ätherischen Stoffe der Birke. Der frische Duft ist ausgesprochen angenehm.

3. Die Kelle macht den Chef

Auch in öffentlichen Saunas Finnlands ist ein Bademeister so gut wie unbekannt. Hier gilt die Aufgussregel: »Wer die Kelle hat, der entscheidet.« Wer das ist, wird untereinander ausgemacht. In privaten Saunas ist das stets der Besitzer, sofern er sein Recht nicht an andere abgibt. Anders als in deutschen Saunas üblich wird das Wasser nicht auf den Ofen geschöpft, sondern vom Platz des »Entscheiders« aus auf die heißen Steine geworfen. Es verlangt ein wenig Übung, bis man den Schwall präzise platzieren kann. Aber da in finnischen Saunas ohnehin mit viel Wasser hantiert wird, spielen Fehlwürfe keine große Rolle.

4. Finnische Aufgussarten

Die Sitte, dem Aufgusswasser besondere Duftessenzen beizufügen, findet in Finnland nur sehr eingeschränkt Freunde. Man achtet sehr auf Traditionen und nimmt deshalb von exotischen Ingredienzien zumeist Abstand. Bestimmte, eher bodenständige Zusätze sind aber durchaus beliebt. Dazu gehört das mit Birkenbüscheln aromatisierte Wasser ebenso wie überraschenderweise ein Zusatz, der nach Teer riecht. Echte Saunagänger in Finnland fühlen sich dann wie an Bord eines alten Segelschoners, dessen Rumpf kalfatert wurde. Relativ beliebt ist auch ein Schuss Bier im Aufgusswasser. Auf den heißen Steinen entwickelt sich dann ein herber Hopfengeruch.

5. Handtuch ja? Handtuch nein?

Die Finnen sehen die Sauna ganz bewusst als Raum ohne Hierarchie an – sieht man mal von demjenigen ab, der über die Aufgusskelle verfügt. Deshalb gilt in Finnland die feste Regel: Man betritt die Sauna nackt. Das ist auch der Grund, warum in Finnland viele Saunas getrennt nach Geschlechtern betrieben werden. Das Handtuch, das man mit in die heiße Kammer nimmt, dient allein als Sitzunterlage. Und selbst darauf wird – zumindest in ländlichen Gebieten – häufig verzichtet.

6. Holz oder Elektro?

Fragt man die Finnen, ist die Antwort eindeutig: Holz soll die Sauna heizen. In dem Land, in dem es mehr Saunas als Autos gibt, ist die große Mehrheit eindeutig traditionsbewusst. Und in der Tat gibt es einige gute Gründe für diese Auffassung. Da ist zunächst einmal die mentale Argumentation. Wer eine Sauna besucht, der sollte sich Zeit lassen und sollte das Saunabad entsprechend gelassen angehen. Da ist ein Elektroofen kontraproduktiv. Kaum eingeschaltet, erreicht die Hitzekammer schon ihre Betriebstemperatur. Feuert man stattdessen mit Holz, geht alles viel geruhsamer zu. Allein, weil man die Glut pflegen und hin und wieder Holz nachlegen muss. Da stellt sich Gelassenheit ganz von selbst ein. Ein anderer Grund bedient das Wohlgefühl während des Saunabads. Denn das stellt sich nach Ansicht vieler Finnen erst ein, wenn es im Ofen knistert und sich der Geruch des Holzfeuers breitmacht.

7. Rauchsauna

Die Ursauna – aber man findet in Finnland auch heute noch Exemplare. Rauchsaunas werden mit offenem Feuer angeheizt, über das ein Steinberg geschichtet ist. Dabei werden die Steine mit Hitze regelrecht aufgetankt. In dieser Anheizphase ist natürlich keiner in der Sauna. Die heiße Luft und eben auch der Rauch des Feuers können in dieser Zeit nicht aus dem Raum entweichen, denn es gibt keinen Schornstein, sondern nur eine Dachluke, die zunächst geschlossen bleibt. Erst wenn das Feuer erloschen ist, wird die Luke geöffnet. Ein erster Aufguss befördert die Rauchrückstände nach draußen. Dann wird die Luke wieder geschlossen, und die Sauna ist bereit, betreten zu werden. Die Hitze im Steinberg reicht für mehrere Saunagänge aus.

8. Rücken bürsten

Es gibt ein Ritual, das sich ganz leicht aus Finnland für deutsche Saunas übernehmen lässt. Im Norden gilt nämlich, dass der Saunabesitzer jedem, der erstmals seine Sauna betritt, den Rücken schrubben muss. Es liegt dann am Maß der Rücksichtnahme, ob er dazu zu einer Wurzelbürste greift oder eine weichere Variante wählt. In jedem Fall aber wird der Rücken eingeseift und anschließend mit einem Wasserguss gesäubert. Das Schrubben beseitigt lose Hautreste gründlich und fördert natürlich die Blutzirkulation.

9. Russische Variationen

Die Banja, so der russische Name für die Sauna, unterscheidet sich kaum von ihrer finnischen Schwester. Nur dass sie nicht ausschließlich der Entspannung dient. Es ist üblich, dass in Russland dort Geschäfte gemacht werden. Auch Politiker begeben sich bei der Lösung von Problemen und bei Konflikten untereinander gern in die Sauna. Dabei muss das heiße Gelass keineswegs eine Privatsauna eines der Beteiligten sein. Auch in öffentlichen Saunas wird Handel und Wandel getrieben. Wie bei den Finnen ist auch bei den Russen ein Aufguss, der mit Bier versetzt ist, recht beliebt. Sie kennen aber auch die Sitte, ins Aufgusswasser einen kräftigen Schuss Wodka zu gießen.

10. Waschen

Eine Saunastube muss – abgesehen vom Aufguss – sehr trocken sein, sagen die Deutschen. Eine Saunastube sollte nicht nur Wasser für den Aufguss haben, man sollte sich in der Heißluftkammer auch gründlich und ausgiebig waschen können, sagen die Finnen. Und damit das auch klappt, hat ein üblicher finnischer Saunaofen immer auch einen zusätzlichen Wassertank, dessen Inhalt sich während des Saunabads bis zum Kochen erhitzen kann. Will man sich waschen, mischt man sich aus heißem und kaltem Wasser die gewünschte Temperatur zurecht. In einer traditionellen Sauna läuft das Wasser übrigens durch die lose eingelegten Bodenbretter einfach davon.

Die 10 attraktivsten Männerberufe

Expertin: Verena Schlünder, Online-Redakteurin, Bloggerin, Social-Media-Expertin

1. Architekt
2. Arzt
3. Journalist
4. Anwalt
5. Manager
6. Handwerker
7. Musiker
8. Polizist
9. Pilot
10. Lehrer

Die 10 berühmtesten Musiker, die bei einem Flugzeugabsturz ums Leben kamen

Expertin: Anna Miller, Autorin, Texterin, Ghostwriterin

1. **Buddy Holly, Ritchie Valens und Jiles Perry Richardson**
   Am 3. Februar 1959 starben diese bei einem Flugzeugabsturz in der Nähe von Mason City im Bundesstaat

Iowa/USA. Aufgrund der schlechten Wetterbedingungen stürzte das Flugzeug bereits fünf Minuten nach dem Start in ein Getreidefeld.

2. Melanie Thornton

1993 nahm sie mit dem Danceprojekt »La Bouche« den späteren Hit »Sweet Dreams« auf. Die Single kletterte in vielen Teilen der Welt an die Spitze der Charts und machte sie förmlich über Nacht berühmt. Am 24. November 2001 stürzte die Sängerin in der Schweiz mit einem Verkehrsflugzeug ab und kam ums Leben.

3. Aaliyah

Die Soulsängerin und Schauspielerin Aaliyah stürzte am 25. August 2001 mit dem Flugzeug auf dem Weg von den Bahamas nach Miami ab und verunglückte tödlich. Acht weitere Flugzeuginsassen starben. Nach intensiven Untersuchungen wurde festgestellt, dass der Unfall höchstwahrscheinlich durch Leichtsinn verursacht wurde. Im Blut des Piloten wurden Kokain und Alkoholspuren gefunden.

4. Nathaly van het Ende und Maria Serrano Serrano

Vielen wird diese Popgruppe durch ihre einfachen und somit gut einprägsamen Songs wie »The Rigga Ding Dong Song« oder »Wonderland« im Gedächtnis geblieben sein. Als Partyband erfreuen sie sich besonders am Ballermann und anderen Ferienhochburgen einer großen Beliebtheit. Die Musikerinnen befanden sich an

Bord der Maschine, die am 24. November 2001 auf dem Flug von Berlin nach Zürich durch starkes Schneetreiben während des Landeanfluges auf den Flughafen Zürich abstürzte. Nathaly van het Ende und Maria Serrano Serrano starben, während ihre Bandkollegin Debby St. Marteen schwerverletzt überlebte. Diese lebt heute wieder in ihrer Heimatstadt Rotterdam.

5. John Denver

Am 12. Oktober 1997 kostete ihn seine Liebe zur Fliegerei das Leben. Mit einem Experimentalflugzeug, das er selber steuerte, stürzte er in Kalifornien ab. Der Grund des Absturzes konnte nie richtig geklärt werden. Es könnte an seiner mangelnden Erfahrung mit dem Flugzeug gelegen haben, aber auch an der Platzierung des Umschalthebels für den Ersatztank, den er aus der Position des Piloten nicht erreichen konnte.

6. Lynyrd Skynyrd

Der bekannteste Song der Band heißt »Sweet Home Alabama« aus dem Jahr 1974. Im Song werden die Südstaatenprobleme der damaligen Zeit thematisiert, er gilt als heimliche Hymne des Bundesstaates Alabama. Am 20. Oktober 1977, drei Tage nach der Veröffentlichung ihres sechsten Albums, stürzte das Privatflugzeug der Band auf dem Weg von Greenville nach Baton Rouge in einem Waldgebiet ab. Als Unglücksursache wurde menschliches Versagen der Crew ermittelt. Bei dem Unglück starben der damalige Sänger Ronnie Van Zant, Gitarrist Steve Gaines und seine Schwester Cassie Gaines, die für die Band als Backgroundsängerin tätig war. Der

Rest der damaligen Bandbesetzung überlebte schwerverletzt.

7. Randy Rhoads

Vielen ist dieser Name sicherlich nicht ganz so geläufig. Aber Randall William Rhoads – wie er mit bürgerlichem Namen hieß – zählte zu den bekanntesten Heavy-Metal-Gitarristen. Zum Zeitpunkt seines Todes war er für Ozzy Osbourne tätig. Am 19. März 1982 war er mit dem Tourbus auf dem Weg zum nächsten Veranstaltungsort und legte einen Zwischenstopp in Leesburg/Florida ein, um ein Ersatzteil für den Bus zu beschaffen und die Exfrau des Busfahrers abzusetzen. Der Busfahrer nahm sich dabei unerlaubterweise eine Propellermaschine aus einer angrenzenden Flughalle und lud die Band- und Crewmitglieder auf einen Rundflug ein. Er besaß zwar einen Flugschein, der aber zu diesem Zeitpunkt durch ein fehlendes medizinisches Zertifikat nicht gültig war. Als Randy Rhoads für seinen Rundflug in der Maschine saß, begann das Flugzeug nach einigen Minuten sehr tief zu fliegen und streifte den Tourbus. Schließlich geriet die Maschine so sehr außer Kontrolle, dass sie in eines der Gebäude flog und explodierte. Alle drei Insassen wurden dabei getötet.

8. Stevie Ray Vaughan

Stevie Ray Vaughan, der gerne in einem Atemzug mit Musikgrößen wie Jimi Hendrix und Eric Clapton genannt wird, war als Blues- und Bluesrockmusiker vor allen Dingen in den USA sehr erfolgreich. Aufgrund von dichtem Nebel stürzte sein Hubschrauber nach einem

Konzert in den frühen Morgenstunden des 27. August 1990 ab. Eigentlich hätte Eric Clapton im Hubschrauber sitzen müssen. Da Vaughan es aber besonders eilig hatte, überließ Clapton ihm seinen Platz.

9. Patsy Cline

Am 5. März 1963 geriet die Sängerin Patsy Cline mit einem Kleinflugzeug auf dem Weg nach Nashville in einen Gewittersturm, stürzte ab und starb. So traurig dieses Ereignis, so steil die Karriere nach ihrem Tod. Weitere Alben erschienen, die allesamt vordere Chartpositionen einnahmen. 1973 wurde sie als erste Frau in die »Country Music Hall of Fame« aufgenommen. 1985 kam ein Film über ihr Leben in die Kinos, was das Interesse an Patsy Cline von neuem entfachte. Den Grammy für ihr Lebenswerk erhielt sie im Jahre 1995.

10. Jim Croce

Der amerikanische Sänger und Songwriter Jim Croce – »Time in a Bottle« – kam einen Tag vor der Veröffentlichung seines vierten Albums, am 20. September 1973, zusammen mit fünf weiteren Personen bei einem Flugzeugunglück ums Leben. Ein Privatflugzeug, mit dem er auf dem Weg nach Louisiana war, flog zu tief, streifte Baumwipfel und stürzte ab.

Die 10 erfolgreichsten Flirt-Tipps

Expertin: Lisa Fischbach, Diplom-Psychologin, Single- und Paarberaterin von ElitePartner.de

1. **Sich wohl fühlen!**
   Einer der wichtigsten Tipps: Bleiben Sie Sie selbst! Wer zu sich steht, wirkt natürlicher und damit automatisch anziehender.

2. **Im Augenblick sein**
   Einen viel versprechenden Kontakt zu anderen Menschen bauen Sie am besten durch eine gute eigene Präsenz auf. Konzentrieren Sie sich auf Ihre Atmung. Langsame, tiefe Atemzüge entspannen und machen sicher – auch beim Zugehen auf andere.

3. **Angucken**
   Signalisieren Sie Interesse, indem Sie ihr oder ihm in die Augen blicken. Häufig reagiert der andere zunächst verunsichert und schaut kurz zur Seite. Wird der Blick dann aber erwidert und sogar noch gelächelt, gilt das als Einladung für einen Kontakt.

4. **Anfangen**
   Sprechen Sie Ihr Gegenüber jetzt an. Sonst geraten Sie in die analytische Lähmung: Sie grübeln zu lange über den richtigen Spruch und verlieren Ihre Spontanität. Dann kann es schwierig werden, noch die Kurve zu kriegen und einen Kontakt herzustellen.

5. Flirt-Sprüche vergessen
Ganz wichtig: Es gibt keinen Zauberspruch, der garantiert Herzen öffnet! Ein charmantes »Hallo« zeigt viel mehr Wirkung als ein gewollt witziger, einstudierter Spruch. Merke: Beim Flirten kommt es darauf an, wie Sie etwas sagen – nicht was.

6. Komplimente machen
Ein Kompliment ist ein toller Gesprächseinstieg. Aber: Zu viel des Guten wirkt unglaubwürdig. Je größer das Kompliment, desto schwieriger kann der andere es annehmen und die Stimmung unverfänglich halten. Besser: Werden Sie persönlich! Sagen Sie, was Ihnen gefällt: »Charmantes Lächeln, das steckt richtig an.« Tipp: Frage anfügen! Das hilft, weiter ins Gespräch zu kommen: »Ist das angeboren? Oder freust du dich über das freie Wochenende?«

7. Neugierig sein
Stellen Sie Fragen. So fühlt der andere echtes Interesse. Und Fragen sorgen für Gesprächsstoff. Aber: Achten Sie auf die Balance zwischen Ihrer Fragerei und dem, was Sie von sich selbst erzählen. Schließlich möchte der andere auch Sie kennenlernen.

8. Mut zur Pause haben
Wer Gesprächspausen akzeptiert und zwischendurch einen Schritt zurück zulässt, entspannt auch sein Gegenüber. Plus: Gemeinsames Schweigen baut positive Spannung auf. Angestrengtes Dampfplaudern wirkt dagegen eher abschreckend.

9. **Den Körper sprechen lassen**
   Die Körpersprache läuft oft unbewusst ab, verrät aber viel über Emotionen und Stimmung. Das zeigt sich in Haltung, Gestik und Mimik. Deshalb: Achten Sie auf Ihre Signale und die Ihres Gegenübers.

10. **Erfolgsdruck senken**
    Nicht jeder Flirt wird mit der Eroberung Ihres Traumpartners belohnt. Nehmen Sie es entspannt: Sprechen Sie jemanden mit der Einstellung an, nur ein paar Sätze zu wechseln. Wenn mehr draus wird – gut. Wenn nicht – auch gut.

Die 10 wichtigsten Schritte zum perfekten Rindersteak

Expertin: Sonja Helms, freie Journalistin Ernährung und Genuss

1. **Der Einkauf**
   Mit der Fleischqualität steht und fällt das Ergebnis. Nicht jedes Stück eignet sich gleich gut für ein Steak. Optimal – aber teuer – sind Filet und Rücken. Sie können auch Stücke aus der Hüfte nehmen, die sind günstiger, aber längst nicht so zart. Gar nicht in Frage kommen Keule, Nacken oder Bruststücke. Sie enthalten zu viel Bindegewebe und damit Eiweiß, das beim Kurzbraten zäh und ungenießbar wird. Das Fleisch sollte gut abgehangen sein. Dadurch gewinnt es an Aroma, und die Muskel-

fasern werden von Enzymen aufgebrochen; das Steak wird mürbe und besser verdaulich. Gehen Sie im Zweifel lieber zum Metzger Ihres Vertrauens und machen Sie einen Bogen um vermeintlich billige Angebote – gutes Fleisch hat seinen Preis.

2. Die Vorbereitung

Das Fleisch sollte Zimmertemperatur angenommen haben und trocken sein, wenn es in die Pfanne kommt, also rechtzeitig daran denken, es aus dem Kühlschrank zu nehmen – circa 30 Minuten vorher. Ideale Steaks sind etwa drei Zentimeter dick und 200 Gramm schwer. Das Zuschneiden kann der Fleischer erledigen. Wer lieber selbst Hand anlegt, schneidet quer zur Maserung und entfernt die Sehnen. Sie werden beim Braten hart und ungenießbar. Zum Würzen: Soll man nun vor oder nach dem Braten salzen? Nicht einmal Sterneköche sind sich hier einig. Es empfiehlt sich nach dem Braten zu salzen, weil das Salz Wasser zieht und das Steak auszutrocknen droht. Auch Pfeffer sollte später dazukommen, denn er verbrennt bei starker Hitze. Wenn Sie vorher salzen wollen, dann auf jeden Fall erst unmittelbar vor dem Braten.

3. Die Pfanne

Ob Sie in einer Edelstahl- oder gusseisernen Grillpfanne braten, ist eine Frage des persönlichen Geschmacks. Beide vertragen starke Hitze. Vorteil bei der Grillpfanne: Das Fett verteilt sich besser und das Fleisch bekommt ein schönes Muster. Bei Edelstahlpfannen kann es vorkommen, dass das Fleisch haftenbleibt und verkrustet, wenn sie nicht heiß genug sind. Beschichtete Pfannen sind weniger zu empfehlen, weil die Beschichtung unter der starken Hitze leidet. Profi-Köche benutzen oft Pfannen aus geschmiedetem Eisen. Das traditionelle Pfannenmaterial erfordert allerdings etwas Übung im Umgang.

4. Das Fett

Ob Ihnen Butter oder Öl besser schmeckt, ist Ihre Sache. Für Kurzgebratenes nimmt man gewöhnlich hitzestabiles und geschmacksneutrales Pflanzenöl, etwa Raps- oder Erdnussöl. Wer auf den Buttergeschmack nicht verzichten möchte, greift zu Butterschmalz. Das ist geklärte Butter, sie spritzt nicht in der Pfanne und ist bis fast 200 Grad erhitzbar. Normale Butter würde bei den Temperaturen verbrennen, also Finger weg davon. Dasselbe gilt für kaltgepresstes Olivenöl. Wenn Sie unbedingt mit Olivenöl braten wollen, greifen Sie zu einem raffinierten.

5. Die Temperatur

Nun geht es ans Braten. Die Pfanne und das Öl sollten sehr heiß sein, wenn Sie das Fleisch hineinlegen. Wichtig: Braten Sie nicht zu viele Stücke gleichzeitig, sonst sinkt die Temperatur in der Pfanne. Die Hitze, die nötig ist, damit sich die Röststoffe bilden, kann so nicht erreicht werden. Dann gibt das Fleisch Saft ab und brät nicht mehr, sondern köchelt – und verliert an Geschmack. Also nicht mehr als zwei oder drei Steaks auf einmal garen. Todsünde: Das Fleisch mit einer Gabel wenden und dabei anpieksen. Auch dabei lässt das Fleisch Wasser. Immer nur mit einem Pfannenwender oder noch besser mit einer Zange hantieren.

6. Die Bratdauer

Auf den Punkt genau: Kurzgebratenes heißt Kurzgebratenes, weil es – Achtung! – nur wenige Minuten bei starker Hitze gebraten wird. Grundsätzlich weiß man das. Dennoch ist die Unsicherheit oft groß. Wie lange braucht das Fleisch, bis es optimal gegart ist? Man unterscheidet zwischen drei Formen: »rare« (blutig), »medium« (rosa) und »well done« (durchgebraten), wobei ein Rindersteak maximal »medium« gebraten sein sollte. Alles, was darüber hinausgeht, ist Frevel, bei dem Aroma und Zartheit des Steaks verlorengehen. Daher: Braten Sie es von jeder Seite etwa zwei Minuten scharf an, bis die Oberfläche gut gebräunt ist. Anschließend im vorgeheizten Backofen bei circa 160 Grad Celsius (Ober- und Unterhitze) nach Geschmack einige Minuten weitergaren.

7. Die Ruhe

Man kann es gar nicht deutlich genug sagen: Bevor Sie das Steak servieren, lassen Sie es einige Minuten ruhen. Dafür nehmen Sie es aus dem Ofen, wickeln es in Alufolie, damit es nicht auskühlt, und – üben sich in Geduld. Kümmern Sie sich um die Beilagen, entkorken Sie den Wein, ziehen Sie die Schürze aus. Diese Zeit braucht das Fleisch, damit es sich entspannt und der Saft sich gleichmäßig verteilt.

8. Die Teller

Warme Teller halten das Essen länger warm. Warum ist das wichtig? Weil der Genießer sein Steak nicht in wenigen Sekunden herunterschlingt, sondern sich Zeit nimmt und es geradezu andächtig verspeist.

9. Die Beilagen

Was schmeckt am besten zum Steak? Hier gibt es verschiedene Möglichkeiten. Sportler bevorzugen die schlanke Variante mit einem frischen, gemischten Salat und etwas krossem Weißbrot. Klassisch amerikanisch wird neben Brot und Salat eine Ofenkartoffel mit Sour Cream zum Steak gegessen. Lecker ist auch ein Kartoffelgratin dazu. Oder ein Kartoffelpüree – besonders edel eins aus Süßkartoffeln.

10. Das Getränk

Trinkt man zum perfekten Steak Wein oder serviert man ein kühles Bier? Das hängt vom Rahmen ab. Warum den Gästen nicht beides anbieten? Beim Bier empfiehlt sich ein dunkles Bier – Altbier, Schwarzbier oder dunkles Bockbier.
Was den Wein betrifft: Tausend Experten sprechen tausend Weinempfehlungen aus, meist persönliche Favoriten. Grundsätzlich passt zu rotem, kurzgebratenem Fleisch ein kräftiger, gehaltvoller Rotwein, etwa ein Cabernet Sauvignon, ein Merlot oder ein Shiraz. Manche Weinkenner trinken auch einen kräftigen Weißwein zum Steak.

Die 10 nacktesten Säugetiere im Überblick

Expertin: Claudia Becker, Autorin, Texterin, Kunstmalerin und Mediengestalterin

1. **Nacktmull**
2. **Nilpferd**
3. **Elefant**
4. **Nashorn**
5. **Gürteltier**
6. **Erdferkel**
7. **Hirscheber**
8. **Hausschwein**
9. **Nackthund**
10. **Nacktkatze**

Die 10 lustigsten Aprilscherze

Experte: Von Stephan Goldmann, Journalist, Inhaber Triathlon-Tipps.de und myhighlands.de

1. **Google: »Cadie« übernimmt das Internet**
   »Cadie« steht für »Cognitive Autoheuristic Distributed-Intelligence Entity«. Am besten würde man es als das Skynet (Terminator) von Google bezeichnen. Na gut,

das Gesicht ist süßer. Denn die künstliche Intelligenz präsentiert sich als Panda mit rosa Wangen. Bitte: Unterschätzen Sie Cadie nicht! Immerhin entwickelte sich die Computer-Persönlichkeit noch während des ersten Aprils zur echten Gefahr, die das ganze Web, nein, die ganze Welt bedrohte. Die Geschichte von Cadies Aufstieg und Fall können Sie noch heute im Web nachvollziehen: Cadie hatte ein eigenes Blog, wurde auf Google-Seiten vorgestellt und zeigte sich im eigenen YouTube-Channel.

2. Hotelicopter: Hotel in den Lüften

Über den Wolken, Freiheit, grenzenlos ... Sie wissen schon. Was liegt da näher, als das Bett vom Kornfeld in den Himmel zu heben? Der Hotelicopter machte es möglich. Am 1. April startete er, bot in 18 Zimmern Fünf-Sterne-Luxus in exquisitem, weißem Ambiente – modern, aber nicht unbequem. Champagner, Luxussuiten, Entertainmentsystem – alles an Bord. Das wunderschöne Werbevideo auf YouTube ist natürlich ein Fake. Aber ein verdammt guter!

3. Hit Radio FFH: Merkel schwanger

Am 1. April enthüllte der Radiosender Hit Radio FFH: »Ein Kanzlerinnen-Baby! Nach Informationen von Hit Radio FFH erwartet Bundeskanzlerin Angela Merkel ein Kind ...« Wow! Liveschalte nach Berlin: Bürger legen Schnuller vor dem Kanzleramt ab, um ihre Sympathie zu bekunden. Wahnsinn! Pressekonferenz: Merkel gibt die Schwangerschaft zu. Ob der Kaiserschnitt dann zum Kanzlerschnitt umgetauft wird? Schade, dass es nur ein Scherz war – das Baby hätten wir gerne gesehen ...

4. Süddeutsche: Tom Cruise spielt Darwin

Tom Cruise wendet sich nur noch ernsten Rollen zu: Nach Stauffenberg, so berichtete am 1. April die Süddeutsche Zeitung, werde der Schauspieler nun Charles Darwin verkörpern. Regie bei dem Historienstreifen führe Quentin Tarantino. Das Tolle: Die Reporter der Süddeutschen Zeitung seien exklusiv auf das Set eingeladen worden. Sie berichteten auf sieben ganzen Seiten im Kulturteil der Website. Titel der Reportage: »Das Handschuhfach Gottes«. Kleiner Auszug: »Cruise kommt aus dem Zelt [...] ›Cooler Typ, dieser Darwin. Doch wie wird mir der Backenbart stehen? See ya later!‹ Die nächsten Stunden wird er mit Anne Hathaway eng umschlungen am Sandstrand verbringen, zwischen Hunderten kopulierender Riesenschildkröten [...]«

5. Microsoft: Jodelspiel für die Xbox

Microsoft wählte den 1. April, um sein neues Spiel »Alpine Legend« für die Xbox 360 vorzustellen. Mit einer passenden Webseite und einem schönen Trailer. Dieses Werbevideo hat eine eindeutige Botschaft: Ballerspiele bringen ein cooles Image, aber der Spaß kommt beim Jodeln. Dem Spieler wird viel versprochen: Jodeln mit den Legenden Franz »The Manz« Lang oder Johann Hornbostel (klingt gut, gell?) und der Multiplayermodus – zum Jodeln mit Spielern aus aller Welt. Außerdem gibt es noch das limitierte »Tri-Horn Pack«: drei Alphorn-Controller für die Xbox 360 im Set. Oder das Ziegen-Erweiterungspaket.

6. The Independent: Londoner U-Bahn mit neuer Bestimmung

Gerade noch haben die Wissenschaftler des CERN einen Weltrekord mit ihrem Large Hadron Collider (LHC) erzielt: Der Teilchenbeschleuniger ließ Millionen Partikel kollidieren. Ein wichtiges Experiment, das in einer ringförmigen Röhre im Erdboden stattfand. So wichtig, dass sich das CERN nach einem passenden Ort für den Nachfolger, den Large Hadron Collider II, umsieht – der soll natürlich größer sein. Und die englische Zeitung The Independent meldet: Die Londoner U-Bahn-Strecke, die Circle Line (ringförmig!), solle dafür herhalten.

7. Radio: Lila Plakette für Frauen

28 Sender beteiligten sich an diesem Scherz – das musste ja ein Erfolg werden. Berichtet wurde von der »Lila Plakette«, die ausschließlich Frauen für ihr Auto erstehen konnten, um damit dann lila gestrichene Parkplätze exklusiv zu nutzen oder nach 22 Uhr noch in – sonst gesperrte – Innenstadtbereiche zu fahren. Da das Ganze eben auf so vielen Sendern ausgestrahlt wurde, fielen auch entsprechend viele Menschen darauf rein, und die Reaktionen reichten von Begeisterung bis zu Empörung.

8. The Guardian: Zeitung nur noch auf Twitter

Diese Aussage sitzt: »Der Guardian gibt bekannt, dass er die erste Zeitung der Welt sein wird, die nur per Twitter veröffentlicht wird.« 140 Zeichen – so erklärt der Artikel – seien wahrlich genug, um heutzutage das Weltgeschehen zusammenzufassen. Einige historische Beispiele gefällig? Bitte, aber auf Englisch, wie auf Twitter üblich: 1939 OMG Hitler invades Poland, allies declare war see tinyurl.com/b5x6e for more; 1940 W Churchill giving speech NOW – »we shall fight on the beaches … we shall never surrender« check YouTube later for the rest; 1961 Listening 2 new band »The Beatles«; 1989 Berlin Wall falls! Majority view of Twitterers = it's a historic moment! What do you think??? Have your say.

9. Schweiz: Die Felsenputzer

Unsere Nachbarn nehmen den Begriff der Landschaftspflege noch wirklich ernst. Eine ganze Einsatzgruppe gibt es bei den Eidgenossen, die nichts anderes zu tun hat, als das Bergpanorama für Touristen möglichst sauber zu halten. Lässt ein Vogel etwas fallen, rücken die Felsenputzer aus. Spannend, nicht wahr? Am besten Sie begleiten das Team bei der Arbeit. In einem gut dreiminütigen Video im eigenen YouTube-Channel der Felsenputzer sehen Sie den typischen Tagesablauf der Felsenputzer – in verschiedenen Sprachen.

10. tagesschau.de: Internet wegen Überfüllung geschlossen

Über ein sehr amüsantes, aber gar nicht mal so unwahrscheinliches Szenario hat tagesschau.de berichtet. Dort behauptet die Redaktion: Das Internet ist überfüllt, es sind keine IP-Adressen mehr frei, die man zum Browsen benötigt. Der Internetboom in China sei daran schuld, denn jetzt sei das IP-Kontingent aufgebraucht. Die Wahrheit dahinter: Experten befürchten wirklich, dass eines Tages keine IP-Adressen mehr zur Verfügung stehen, da es zu viele Geräte geben wird, die online gehen. Daher arbeiten Entwickler schon seit Jahren an dem neuen Standard IPv6, der das Problem beseitigen soll. Auch darauf geht tagesschau.de ein: Denn am 2. April ab 9 Uhr sollten die Rootserver abgeschaltet werden, damit ist gewissermaßen das Internet offline. Doch für uns Deutsche sei der Offline-Tag kein Problem, die Nachrichtenversorgung sei gesichert: Denn die ARD habe glücklicherweise alle alten Fernschreiber behalten und werde sie wieder aktivieren.

Die 10 wichtigsten Dinge, die man in China nicht machen sollte

Expertin: Anja Hauenstein, Journalistin, Weltreisende

1. Laut werden, streiten oder schimpfen
2. »Nein« sagen
3. Einen Chinesen in der Mittagspause stören
4. Nachlässig gekleidet auftreten
5. Visitenkarten vergessen
6. Privaten Fragen ausweichen
7. Den Teller leer essen
8. Private Einladungen sofort annehmen
9. Keine Sitzordnung organisieren
10. Mit einem Stadtplan in der Hand nach dem Weg fragen

Die 10 häufigsten Parasiten beim Menschen

Experte: Odo Windhof, Diplombiologe

1. Toxoplasma gondii

Toxoplasma gondii ist ein Einzeller, dessen Endwirt Katzen sind. Als Zwischenwirt dient aber unter anderem der Mensch. Die von ihm ausgelöste Krankheit wird Toxoplasmose genannt. Eine Infektion verläuft oft ohne Symptome. Dies ist ein wichtiger Grund, warum der Parasit in der Lage war, sich weltweit zu verbreiten. In Deutschland haben 60 Prozent der Bevölkerung Antikörper gegen den Erreger. Einmal infiziert, entwickelt der Betroffene eine lebenslange Immunität. Der Mensch infiziert sich über die Aufnahme von halbrohem Fleisch oder durch Schmierinfektion (zum Beispiel von Katzenkot) und dient dann als Zwischenwirt. Ein »normaler« Zwischenwirt wird nach Reifung der Erreger von der Katze aufgefressen, was beim Menschen nicht der Fall ist. Damit ist der Mensch für Toxoplasmen eine Sackgasse. Die Toxoplasmose verläuft bei einem gesunden Immunsystem zu 90 Prozent ohne Symptome. Andernfalls beginnt die Krankheit mit grippeartigen Symptomen und Lymphknotenschwellungen. Sie erfolgt in Schüben und kann sich über Wochen und Jahre hinziehen. Für Föten und Menschen mit Immunschwäche ist die Erkrankung ungleich problematischer und kann das Gehirn in Mitleidenschaft ziehen, weshalb bei ihnen medikamentös behandelt wird.

2. Spulwurm (Ascaris lumbricoides)

Dieser Parasit ist weltweit verbreitet. Schätzungen zufolge sind in etwa 1,3 Milliarden Menschen betroffen. Grund für die weite Verbreitung sind seine sehr widerstandsfähigen Eier, die einige Jahre infektiös bleiben und gegen die meisten Chemikalien resistent sind. Werden sie von einem Endwirt ausgeschieden, können sie in der Umwelt sehr lange überleben. Bei günstigen Bedingungen schlüpfen die Larven und werden in ihrem zweiten Larvenstadium erneut von einem Wirt über die Nahrung aufgenommen. Passiert das, so beginnt seine Wanderung durch den menschlichen (oder tierischen) Organismus: Die Larven bohren sich einen Weg durch die Darmwand und wandern über die Blutbahn zur Leber. Hier entwickelt sie sich zur dritten Larve und wandert weiter zu Herz und Lungen, wo sie zur vierten Larve wird. Im vierten Stadium lässt sie sich im Kehlkopf nieder und wird dort entweder ausgehustet oder verschluckt. In letzterem Fall gelangt sie zurück in den Dünndarm und entwickelt sich zum erwachsenen Tier: einem 30 bis 35 Zentimeter langen, dem Regenwurm ähnelnden Wurm. Der legt Eier, die ausgeschieden werden, und der Zyklus beginnt von neuem. Diese »Wanderlust« der Larven zahlt der Wirt mit einer Reihe von unangenehmen Symptomen, wie – je nach Stadium – allergischen Reaktionen, Husten, Fieber, Verschleimung und asthmaähnlichen Anfällen, Koliken, Erbrechen oder Maldigestion. In seltenen Fällen muss der ausgewachsene Wurm im Rahmen einer Darmspiegelung manuell vom Arzt entfernt werden.

3. Giardia lamblia

Dieser einzellige Parasit ist weltweit verbreitet. Schätzungsweise bis zu 800 Millionen Menschen sind von ihm befallen. In den Tropen ist die Durchseuchung deutlich höher als in den klimatisch gemäßigten Zonen. Diese Einzeller halten sich in resistenten Zysten-Gefäßen, die bis zu fünf Monate infektiös bleiben, in kontaminierten Oberflächengewässern auf. Seltener können sie durch den Kontakt mit Fliegen auf den Menschen übertragen werden. Werden sie vom Menschen (oder Hund) aufgenommen, lassen sie sich im Darm nieder. Nur dort können sie sich fortpflanzen. Sie bewirken dort die Krankheit Giardiasis, auch Lablienruhr genannt. Die Symptome sind Entzündungen, Durchfall, Blähungen und Fieber, seltener Gewichtsverlust. Daneben gibt es auch Menschen ohne Symptome, die als Träger unwissentlich monatelang Zysten ausscheiden und bei mangelhafter Hygiene andere Menschen infizieren können.

4. Peitschenwurm (Trichuris trichiura)

Auch der Peitschenwurm ist weltweit verbreitet. Gehäuft kommt er in den Tropen und Subtropen vor. Zurzeit sind etwa 750 Millionen Menschen infiziert. Seinen Namen verdankt er seiner ungewöhnlichen Form: Er wird bis zu 50 Millimeter lang, und etwa zwei Drittel seiner Gesamtlänge erscheinen fadenförmig. Das letzte hintere Drittel dagegen verdickt, so dass er aussieht wie eine Peitsche. Auch die Eier dieses Parasiten werden über die Nahrung aufgenommen. Anders als beim Spulwurm ist bei ihm die Wanderlust aber nicht sehr ausgeprägt. Die Larven schlüpfen im Übergangsbereich zwischen

Dick- und Dünndarm und bleiben dort auch noch, wenn sie sich längst in einen Wurm verwandelt haben. Der Grund für diesen bevorzugten Ort: Der Parasit ernährt sich vom Inhalt der Zellen der Darmschleimhaut, die er selbst auflöst. Die Symptome sind daher auch Durchfall, Blutungen und manchmal ein Darmvorfall.

5. Madenwurm (Enterobius vermicularis syn. Oxyuris vermicularis)

Der Madenwurm gehört zur Gruppe der Fadenwürmer und ist weltweit verbreitet, vor allem aber in den gemäßigten Klimazonen. Rund 50 Prozent aller Menschen hatten einmal im Leben eine Madenwurminfektion. Auch hier verläuft die Infektion fäkal-oral. Das heißt, die Eier kommen im Kot vor und werden über den Mund aufgenommen. Der weibliche Wurm ist etwa 13 Millimeter lang. Die Männchen messen nur drei Millimeter. Der Mensch ist der einzige Wirt dieses Wurms, es gibt keine Zwischenwirte. Wenn die Eier vom Menschen aufgenommen werden, entwickeln sich schon nach wenigen Stunden die ersten Larven. Diese wandern dann aus dem Dünndarm ins Zäkum (Übergangsbereich von Dünn- und Dickdarm). Nachts wandern die Weibchen zum After des Wirts, um dort in den Anusfalten bis zu 15 000 Eier abzulegen. Der Wurm dringt nicht in den Blutkreislauf oder in andere Organe vor. Beim Wurmbefall kommt es zum typischen Juckreiz im Analbereich.

6. Entamoeba histolytica

Entamoeba histolytica ist ein einzelliger Parasit. Er verursacht die sogenannte Amöbenruhr. Der Parasit ist welt-

weit verbreitet und hat etwa 500 Millionen Menschen
infiziert. Er ist besonders häufig in Gebieten mit verschmutztem Trinkwasser und ungeklärten Abwässern
zu finden. Amöbenruhr ist eine typische Erkrankung
nach Katastrophen, wo es oft an sauberen Trinkwasservorräten mangelt. Auch über kontaminierte Nahrung
und – in selteneren Fällen – auf sexuellem Weg kann
man sich mit den Amöben infizieren. Bei einer Infektion
gelangen sie in Zystenform – also gesammelt in kleinen
Hauttaschen – in den Dünndarm. Sie nisten sich in
der Darmwand ein und können dort schwere Schäden
anrichten. Ein Teil der Amöben wird als Zysten wieder
durch den Stuhl ausgeschieden (etwa 40 Millionen
Zysten täglich). Symptome sind Durchfall, Blut im Stuhl,
Bauchschmerzen, Fieber und Krämpfe. Wenn sie auch in
die Blutbahn vorgedrungen sind, wandern sie zur Leber
und zu anderen inneren Organen, wo sie Abszesse und
Blutungen verursachen. Die Symptome können sogar
erst nach Jahren und Jahrzehnten nach der Infektion
auftreten. Allerdings zeigen nur zehn bis 20 Prozent der
Infizierten überhaupt Symptome.

7. Cryptosporidium parvum

Hierbei handelt es sich um einen Dünndarmparasiten.
Er verursacht die Durchfallerkrankung Kryptosporidiose.
Weltweit sind etwa 300 Millionen Menschen betroffen.
Die Infektion erfolgt oral durch kontaminierte Speisen
oder Getränke, seltener von Tier zu Mensch oder Mensch
zu Mensch. Verfügen sie über ein funktionierendes
Immunsystem, so heilt die Krankheit in der Regel nach
etwa einer Woche aus und verursacht auch keine Lang-

zeitschäden. Bei Säuglingen und Menschen mit Immunschwäche kann es allerdings gefährlich werden.

8. Schistosomen

Schistosomen, oder Pärchenegel, sind Saugwürmer, die meistens Schnecken als Zwischenwirt haben. Sie kommen hauptsächlich in den Tropen und Subtropen vor. Trotz dieser relativen Einengung im Verbreitungsbereich sind immerhin noch 250 bis 300 Millionen Menschen von einer Infektion betroffen. Die befallenen Schnecken setzen Larven frei, die dann über die Haut in den Organismus ihres Endwirts, des Menschen, eindringen. Das Syndrom, das von Schitosomen ausgelöst wird, heißt Schitosomasis oder Bilharziose. Als erstes Symptom fängt die Stelle, an der die Larve in den Körper eingedrungen ist, an zu jucken und sich zu röten. Befallen wird dann zunächst die Lunge, wo sich Männchen und Weibchen paaren. Dieser Paarungsvorgang hält ein Leben lang an – so kommt es zum Namen der Pärchenegel. Zum Schluss siedeln sich die Pärchen in den Venen an. Durch die Abgabe der Eier in den Blutstrom gelangen diese in die verschiedensten Organe und lösen dort Entzündungsreaktionen aus. Am schlimmsten ist es, wenn die Blase befallen wird, denn in der Blasenwand können die Pärchen bis zu 20 Jahre lang überleben, Eier abgeben und so die Blase langsam kaputtmachen. Weitere Symptome sind Fieber, Husten, Schüttelfrost oder die Vergrößerungen von Leber und Milz. In all diesen Stadien können sich lebensbedrohliche Situationen ergeben. Zum Glück kann die Erkrankung aber relativ leicht medikamentös behandelt werden.

9. Plasmodien

Plasmoiden sind einzellige Parasiten, die Malaria auslösen. Jährlich erkranken 300 bis 500 Millionen Menschen an der Malaria, 90 Prozent von ihnen in Afrika. Ihr Verbreitungsgebiet umfasst die Tropen und Subtropen, da ihre Entwicklung temperaturabhängig ist. Als Überträger und Endwirt dient die Anopheles-Mücke, eine Stechmückenart. Der Mensch ist Zwischenwirt und infiziert sich, wenn er gestochen wird. Im Speichel der Stechmücke sind die Erreger in Form von sogenannten Sporozoiten enthalten, die über das Blut ins Lebergewebe eindringen und sich dort weiterentwickeln. Im nächsten Entwicklungsschritt platzen die Erregerhüllen auf und setzen bis zu 30 000 neue Erreger, sogenannte Merozoiten, frei. Diese geraten in die Blutbahn und befallen dort rote Blutkörperchen. In den Blutkörperchen pflanzen sich die Merozoiten weiter fort, bringen die Blutkörperchen zum Platzen und werden erneut freigesetzt. Diese Phase charakterisiert die »Malariaanfälle« des Erkrankten: starkes Fieber und andere Grippesymptome. Weil der Kranke dadurch schwitzt, werden wieder Mücken angelockt. Sie stechen zu und nehmen das Blut des Erkrankten auf, wodurch die Parasiten zurück in ihren Endwirt gelangen. Die gefährlichste Form der Malaria, die auch zum Tod führen kann, ist die Malaria tropica. Hier wird schlimmstenfalls das zentrale Nervensystem beeinträchtigt, es kommt zu Krampfanfällen, Bewusstseinsstörungen und Koma. Behandelt wird die Malaria medikamentös, am besten stationär im Krankenhaus. Mit der Malaria ist die Erbkrankheit Sichelzellenanämie assoziiert. Betroffene sind gegen Malaria teilweise immun.

10. Trypanosoma brucei

Trypanosoma brucei ist der Erreger der Schlafkrankheit, auch Afrikanische Trypanosomiasis genannt. Etwa 500 000 Menschen sind betroffen, Tendenz steigend. Allerdings kommt diese Erkrankung fast ausschließlich im Tropengürtel Afrikas vor. Menschen, Rinder und Antilopen bilden das Reservoir für den Erreger. Die Übertragung erfolgt durch Tsetsefliegen. Je nachdem, ob es sich um die west- oder ostafrikanische Form der Krankheit handelt, kommt es kurz nach der Infektion zu einer schmerzhaften Schwellung an der Einstichstelle und dauert die Inkubationszeit Wochen bis Monate oder nur wenige Tage. Sobald die Erreger in den Blutkreislauf gelangen, beginnt Phase eins der Erkrankung. Hier treten Kopf- und Gliederschmerzen, Schüttelfrost, Fieberanfälle, Ausschlag und Lymphknotenschwellungen auf. Diese Symptome werden von einer Blutarmut (Anämie) und einer Überstimulation des Immunsystems begleitet. Letztere kann Organschäden verursachen. Auch der Übergang in die zweite Phase erfolgt bei der westafrikanischen Form wesentlich später. In dieser Phase dringt der Erreger ins zentrale Nervensystem ein. Das bedingt Verwirrtheitszustände, Koordinations- und Schlafstörungen, Apathie, Krämpfe und Gewichtsabnahme bei den Betroffenen. Im Endstadium befinden sich die Erkrankten in einem dauerhaften Dämmerzustand, wovon sich der Name der Krankheit ableitet. Unbehandelt endet die Krankheit nach wenigen Monaten oder Jahren tödlich.

Die 10 actionreichsten Filme, die Mann immer wieder sehen kann

Experte: Mark Schlemmermeyer, Programmchef TV Spielfilm und Herausgeber des TV-Spielfilm-Lexikons

1. Star Wars
2. Stirb langsam
3. Jäger des verlorenen Schatzes
4. Das Bourne Ultimatum
5. Speed
6. Terminator
7. Jurassic Park
8. Jagd auf Roter Oktober
9. Aliens
10. Matrix

Die 10 häufigsten anerkannten Berufskrankheiten

Expertin: Dr. med. Anette Wahl-Wachendorf, Fachärztin für Arbeitsmedizin

1. Lärmschwerhörigkeit
2. Asbestose (Lungenerkrankung)

3. Mesotheliom durch Asbest
   (Tumorerkrankung)
4. Lungen-/Kehlkopfkrebs durch Asbest
5. Hauterkrankungen
6. Silikose
7. Infektionskrankheiten
8. Von Tieren auf Menschen übertragbare Krankheiten
9. Allergische Atemwegserkrankungen
10. Sonstige Berufskrankheiten

Die 10 wichtigsten Ausdrücke der Hundesprache

Experte: Claus M. Schmidt, Diplombiologe, Inhaber von »animal.press, die Tierreporter«

1. Der Dackelblick
Wie Brutparasiten à la Kuckucksküken mit den perfekten Auslösemechanismen ihre Stiefeltern zum maximalen Füttern verleiten, tut dies der treue Hund mit seinem Dackelblick. Die Wirkung des Blicks hat sich im Laufe der Evolution des Hundes ständig optimiert. Wer ihm erliegt, der kann einfach nicht anders und gibt dem Betteln des Hundes gleich nach.

2. Pfote geben

Die Steigerung des Dackelblicks. In Kombination damit ist es eine wirklich unwiderstehliche Geste, die uns berührt, weil sie so menschlich erscheint, reicht uns der Hund doch sozusagen die Hand. Und weil die Wirkung gar so überwältigend ist und die Freude groß, verstärkt sich das Verhalten, das ja so gut ankommt.

3. Bellen

Hunde, die bellen, beißen nicht? Vorsicht! Bellende Hunde beißen sehr wohl. Man sollte schon fein hinhören. Es ist kaum brenzlig, wenn ein Hund aus Angst, Nervosität, Frust bellt oder um die Aufmerksamkeit auf sich zu lenken. Das Bellen zur Abwehr und Verteidigung kann allerdings ernstgemeint sein. Besonders dann, wenn das Bellen von tiefem Grollen begleitet wird, wenn die Lefzen gebleckt, die Ohren zurückgelegt sind und das Rückenfell gesträubt ist.

4. Wedeln

Schwanzwedeln beim Hund ist eigentlich eher ein Dauerzustand. Zu Recht deuten wir es als freundliche Geste. Allerdings sagen Hundeexperten, dass Wedeln so vielfältig wie unser Lachen ist. Feindliche Rüden, die sich zu einer Beißerei bereitmachen, können vorn knurren und hinten wedeln. Dann geht es hinten allerdings nicht rund, sondern eher peitschenartig von rechts nach links.

5. Hopserlauf und Hinken

Hunde legen in leichtem Lauf gern mal ein paar Hopser auf drei Beinen ein. In den weitaus meisten Fällen beobachtet man ein dreibeiniges Laufen bei kleineren Hunden – hier ist es Spielverhalten. Halter missverstehen das gelegentlich und glauben, dass ihr Tier hinkt. Sie bedauern es, trösten es, kümmern sich, untersuchen die Pfoten. Für den Hund ist das ein wunderbarer Liebesbeweis, viele kluge Hunde setzen daher Hinken und Schonung eines Beins ganz gezielt ein.

6. Spielen

Die Augen blitzen, der Mund wie zum Lachen leicht geöffnet, die Ohren stehen hoch und die Vorderbeine liegen in der ganzen Länge in leichter V-Form auf dem Boden, während die Hinterbeine zur Hocke angewinkelt bleiben. Das ist die eindeutige Aufforderung eines Hundes zum Spielen.

7. Drohen

Der Kopf gesenkt, die Zähne gefletscht, die Ohren zurückgelegt – schon Charles Darwin hatte festgestellt, dass diese Signale in Kombination von sehr vielen Säugetieren als Drohung eingesetzt werden. Und sie werden über Artengrenzen hinweg verstanden. Wenn ein Hund sich so verhält und dabei noch drohend knurrt, sollte man ihm nicht näher kommen.

8. Das kleine Nickerchen

Hunde können praktisch immer und überall ein Nickerchen halten. Im Halbschlaf arbeiten zwar die Sinne, der Körper entspannt und erholt sich jedoch. Hierbei zeigt der Kopf nach vorn, die Hinterbeine liegen hinter oder unter dem Körper. Wenn Sie ihn jetzt mit Namen ansprechen, werden Sie am Ohrenspiel erkennen, dass er ansprechbar ist und bereit, sofort zu reagieren, wenn Sie nach einer Pause etwa weitergehen möchten. Auf Zuruf steht er auf und ist auf der Stelle hellwach.

9. Der privilegierte Tiefschlaf

Anders als beim leichten Nickerchen zwischendurch sind im Tiefschlaf der Hunde alle Alarmanlagen ausgeschaltet. Das leistet sich ein Hund nur dort, wo er sich absolut sicher und geborgen fühlt. Hierbei rollt er sich zusammen wie ein Kätzchen, Kinn oder Backe auf die Hinterschenkel gebettet wie auf ein Kopfkissen oder flach ausgestreckt auf der Seite liegend, und schläft bis zu 16 Stunden täglich.

10. Jaulen und Heulen

Wenn seine Menschen den Hund verlassen – ganz gleich ob für eine Besorgung oder eine längere Reise –, äußern Hunde in den meisten Fällen nach der Trennung ein mehr oder weniger lautes und mehr oder weniger intensives Jaulen, das zu Herzen geht. Da die Äußerung bei Trennungssituationen mit Spielkumpanen kaum einmal zu vernehmen ist, dürfte es sich um ein Verhalten handeln, das der Bindung innerhalb der Familie dient. Erheblich fröhlicher klingt da schon das Heulen. Es lässt sich relativ leicht auslösen, indem man seinem Hund einfach etwas vorheult. Er wird den Kopf heben und in die Höhe strecken wie ein Wolf, mit Begeisterung einstimmen und total aufgekratzt sein.

Die 10 aufregendsten Aliens der Filmgeschichte

Dr. Siegfried Tesche, James-Bond-Experte, Filmjournalist

1. Sil in »Species« (1995)
2. Vampirin in »Lifeforce – die tödliche Bedrohung« (1985)
3. Leeloo in »Das Fünfte Element« (1997)
4. Neytiri in »Avatar – Aufbruch nach Pandora« (2009)
5. Serleena in »Men in Black II« (2002)
6. Kitty in »Cocoon« (1985)
7. Prinzessin Aura in »Flash Gordon« (1980)
8. Das Mars-Call-Girl in »Mars Attacks« (1996)
9. Nummer Sechs in »Battlestar Galactica« (2003–2009)
10. Aayla Secura in »Krieg der Sterne« (2002/2005)

Die 10 besten Tipps zum Küssen

Expertin: Andrea Ege, Journalistin und PR-Expertin für Lifestyle, Reise, Fitness & Gesundheit

1. Weiche Lippen

Die Lippen müssen sinnlich sanft sein. Schließlich sind sie das wichtigste Kusskörperteil. Jede Menge Nervenenden tummeln sich auf ihnen. Dadurch sind sie extrem empfindlich. Sind sie nicht sanft, ist es mit der Freude schnell vorbei. Wer küsst schon gerne zwei Stück Schleifpapier? Regelmäßig die Lippen zu pflegen ist eines der Basics für den guten Kuss.

2. Protagonist Zungenspitze

Profi-Küsser fangen erst mal ganz vorsichtig mit der Zungenspitze an. Die tastet sich neugierig zur anderen Zungenspitze vor, erkundet zärtlich haptisch den Innenraum des Mundes, leckt sanft die Lippen des Partners, züngelt sich wieder zur anderen Zungenspitze, stupft sie etwas stärker – und doch gleichzeitig sanft.

3. Saugen & knabbern

Ein bisschen an den Lippen des Gegenübers zu saugen und sehr, sehr zärtlich daran zu knabbern kommt gut an. Solange man es wirklich nicht zu fest tut. Und nicht vergessen: abwechseln. Nicht minutenlang rumknabbern, lieber zwischendurch schnell wieder zum Zungenspitzenspiel wechseln.

4. Timing/Logistik

Das Timing gehört zu den Kuss-Basics, schön langsam soll es sein. Aber nicht zu langsam. Und vor allem: nicht zu langweilig. Auch die Logistik der beschäftigten Körperteile beider Partner muss stimmen. Einer der einfachsten Tricks: Wenn es gerade wunderschön ist und der Kusspartner vor Lust beinahe dahinschmilzt: stoppen!

5. Optisches Vorspiel

Im Grunde ist es Geschmackssache: Die einen lieben es, mit geschlossenen Augen zu küssen. Die anderen schauen ihren Partner dabei lieber an. Was fast jeden zum Schmelzen bringt, ist eine feine Kussblick-Choreographie vorab: Erst schaut man seinen Partner lange, intensiv und viel versprechend in die Augen. So lange, bis es kaum mehr auszuhalten ist. Dann berührt die Hand langsam den Hals und zieht den Kopf sanft in Richtung der eigenen Lippen. Zart geht es los – und steigert sich Stück für Stück.

6. Richtige Richtung

Um rein statistisch gut loszulegen, neigt man am besten schon beim ersten Kuss seinen Kopf nach rechts. Denn: Wissenschaftlich erwiesen tun dies zwei Drittel aller Menschen beim Küssen.

7. Körperküsse

Die Lippen strotzen zwar von hochempfindlichen Nervenenden. Doch auch der Rest des Körpers ist von erogenen Zonen bedeckt, die sich meist sehr über den sinnlichen Besuch weicher Lippen freuen. Am besten

man beginnt beim Hals (vor allem, wenn beide noch
bekleidet sind). Aber nicht einfach runterrutschen. Erst
die Hände sanft gegen den Kiefer drücken und den Kopf
langsam nach hinten beugen. Aber auch dann nicht
gleich drauflosknutschen.

8. Geheimtipp Handküsse
Nicht der altmodische Handkuss ist damit gemeint. Nein,
wer es wirklich wie ein echter Don Juan machen will,
beginnt bei den feinfühligen Fingerspitzen, arbeitet sich
dann sanft zu den Fingerknöcheln weiter – mal küssend,
mal streichelnd, immer abwechselnd –, kümmert sich
ausführlich um die kleinen Fleischberge auf der Innen-
seite der Finger. Bis zum Höhepunkt: einen Kuss-Trip
von oben nach unten, direkt auf einem Finger.

9. Richtig festhalten
Nicht nur auf den Mund kommt es an. Auch der zärtliche
Einsatz der Hände – sofern sie gerade nicht geküsst
werden – trägt einen wichtigen Teil zum leidenschaft-
lichen oralen Zärtlichkeitsaustausch bei. Mal können
sie das Gesicht sanft festhalten, mal nach dem Nacken
greifen, mal den Rücken und die Taille des Gegenübers
liebkosen, mal mit einem Finger während des Küssens
sanft nebenbei die Lippenspalte streicheln.

10. Sensibel beobachten
Was dem anderen beim Küssen gefällt und ihn in ero-
tische Ekstase versetzt, merkt man ganz einfach. Viel
Hingabe steigert zwar die Kussqualität, aber ein bisschen sollte man seine Sinne während des oralen Aktes

auch auf sein Gegenüber richten: auf die Atemfrequenz, das Herzklopfen, kleine Geräusche, die Bewegungen. So spürt jeder, was gut ankommt.

Die 10 besten Promi-Sprüche zum Abnehmen

Experte: Dr. Siegfried Tesche, James-Bond-Experte, Filmjournalist

1. »Wenn ich eine Diät mache, wird nur mein Haar dünner.«
Whoopie Goldberg, amerikanische Schauspielerin

2. »Schönheitskönigin zu werden ist einfach. Morgens ein Reiskorn, dann Fitness, und abends spuckt man das Korn wieder aus.«
Gaby Köster, deutsche Kabarettistin und Schauspielerin

3. »›Morgen‹ nennt man den Tag, an dem die meisten Fastenkuren beginnen.«
Gustav Knuth, deutscher Schauspieler

4. »Neulich erzählte mir eine wunderschöne, gertenschlanke Kollegin, dass sie sich jeden zweiten Sonntag einen Schokokeks erlaubt – und sonst strenge Diät hält. Ich würde lieber sterben, als so zu leben.«
Shirley MacLaine, amerikanische Schauspielerin

5. »Ich muss jeden Morgen auf einem Fahrrad sitzen. Ich muss ewig Diät halten. Die eine Hälfte meines Lebens konnte ich nicht essen, was ich wollte, weil ich es mir nicht leisten konnte; die andere Hälfte, weil ich Diät halten muss.«
Gabriel García Márquez, kolumbianischer Schriftsteller und Literaturnobelpreisträger

6. »Einfach irre, wie viel Freizeit ich habe, seitdem ich mich nicht mehr wiege.«
Bette Midler, amerikanische Schauspielerin und Sängerin

7. »Ich versuche nur so viel zu essen, wie ich tragen kann.«
Miss Piggy, amerikanische Figur aus der TV-Serie »Die Muppets«

8. »Immer wenn ich eine Diät mache, stelle ich mein Frühstück komplett um: Die Butter steht jetzt rechts und Nutella links. Ich habe es auch mit Trennkost probiert: Erst Schnitzel, dann Soße, dann Pommes, dann Mayo – hat aber auch nicht funktioniert.«
Bernd Stelter, deutscher Schauspieler und Kabarettist

9. »An meinen Körper lass' ich nur Wasser und Frauen ran. Da kann man gewaltig abnehmen.«
John Travolta, amerikanischer Schauspieler

10. »Früher dachte ich, dass ich mich nur durchtrainiert mögen würde. Inzwischen ist es mir aber egal, wenn mein Hintern ein bisschen dicker wird. Was meine Figur anbelangt, habe ich mich mittlerweile super entspannt – der muskulöse Körper ohne Speck ist nicht mehr mein Schönheitsideal.«
Franziska van Almsick, deutsche Schwimmerin

Die 10 schönsten Weihnachtsmärkte Deutschlands

Expertin: Anja Hauenstein, Journalistin, Weltreisende

1. Weihnachtsmarkt und Weihnachtswald Goslar
2. Dortmunder Weihnachtsmarkt
3. Dresdner Striezelmarkt
4. Weihnachtsmarkt am Kölner Dom
5. Zwickauer Weihnachtsmarkt
6. Ludwigsburger Barock-Weihnachtsmarkt
7. Esslinger Weihnachtsmarkt
8. Nürnberger Christkindlesmarkt
9. Münchner Tollwood, Markt der Ideen
10. Christkindlmarkt auf der Fraueninsel, Chiemsee

Die 10 ungewöhnlichsten Redewendungen aus dem Mittelalter

Experte: Marc Halupczok, Musikjournalist, Buchautor und Übersetzer

1. **Von Tuten und Blasen keine Ahnung haben**
Der Beruf des Nachtwächters gehörte im Mittelalter mit einigen Ausnahmen zu den weniger geachteten Berufen, vom Status her war er vergleichbar mit dem Henker oder Abdecker. Zur Ausrüstung eines Nachtwächters gehörte neben einer Lanze und einer Lampe auch ein Horn. Mit diesem konnte er sich bemerkbar machen, wenn Diebe oder Feinde innerhalb der Stadtmauern ihr Unwesen trieben. Außerdem verkündete er damit die Uhrzeit. Stieß der Nachtwächter einen Alarmton ins Horn, wurden die Einwohner geweckt und konnten sich verteidigen. War aber jemand nicht mal in der Lage, in ein Horn zu blasen, dann war er insgesamt zu nichts zu gebrauchen. In dieser Bedeutung wird der Terminus bis heute verwendet.

2. **Blaues Blut haben**
Eine Redewendung, die Hinweis auf die adelige Abstammung einer Person gibt und vermutlich aus Spanien stammt. Die europäischen Adeligen waren deutlich hellhäutiger als die im wahrsten Sinne des Wortes dunklen Mauren, die ab dem 7. Jahrhundert gemeinsam mit den Arabern versuchten, die iberische Halbinsel zu erobern. Zudem konnten es sich Adelige erlauben, nicht auf dem Feld zu arbeiten, weshalb ihr Teint auch blasser als der

ihrer Untertanen war. Durch die blasse Haut waren die blauen Adern zu sehen, daher das »blaue Blut«.

3. Lunte riechen

Lunte riechen bedeutet, etwas frühzeitig zu bemerken. Dieser Begriff stammt aus der Sprache der Militärs. Geschütze und Handfeuerwaffen wurden bis ins 17. Jahrhundert mit einer Lunte gezündet. Um die Lunten beständig gegen Wind und Regen zu machen, wurden Hanfseile als Lunten verwendet, die mit verschiedenen Chemikalien und anderen Mitteln (unter anderem Kuhmist) eingerieben wurden.

4. Auf den Hund kommen

Wer »auf den Hund gekommen« ist, dem geht es in der Regel nicht sonderlich gut. Die Herkunft dieser Redensart ist jedoch umstritten. Manche behaupten, sie hätte sich aus einer Art Bestrafungsritual für Adelige entwickelt, die in manchen Landstrichen einen Hund zum Marktplatz tragen mussten, wenn sie sich ungebührlich verhalten hatten. Eine andere Version vermutet einen Zusammenhang mit Truhen und Geldkästen. Auf den Boden dieser »Sparbüchsen« wurden im Mittelalter oft Figuren geschnitzt, die als »Wächter« fungierten. Nicht selten war das ein Hund. Kam also jemand auf den Hund, war er pleite, weil nicht mehr genügend Geldstücke, Schmuck oder edle Tücher vorhanden waren, um den Boden zu bedecken. In der Sprache der Bergmänner ist der Hunt der Förderwagen, in dem die Bodenschätze abtransportiert werden. War jemand aus gesundheitlichen Gründen nicht mehr in der Lage, mit der Spitzhacke zu arbeiten, musste er den Hunt schieben, was wesentlich schlechter bezahlt wurde. Es gibt aber auch Sprachforscher, die glauben, dass »auf den Hund gekommen« vormals etwas Positives meinte. Fahrende Händler mussten ihre Waren auf einem Karren oder in einem Sack von Stadt zu Stadt schaffen. Wer es zu etwas gebracht hatte, konnte sich ein Hundegespann leisten, das diese Arbeit für ihn übernahm.

5. Ein Schlitzohr sein

Als Schlitzohr wird im heutigen Sprachgebrauch eine besonders clevere Person bezeichnet, die sich jedoch auch über Regeln hinwegsetzt. Im Mittelalter war dieser Terminus wortwörtlich zu verstehen. Wurde jemand beim Betrügen erwischt (zum Beispiel ein Bäcker oder Fleischer, der beim Abwiegen seiner Ware schummelte), so wurde ihm ein Schlitz ins Ohr geritzt. Andere Quellen sprechen davon, dass der Ohrring, den man als Zugehöriger einer Zunft trug, einfach ausgerissen wurde. Der Schlitz war für alle sichtbar, und so wusste jeder, woran er war. Für den Betroffenen war dieser Schlitz so etwas wie das Ende seiner Ehre und aller beruflichen Möglichkeiten. Schlitzohren durften nicht in Zünfte aufgenommen werden, konnten sich also nur noch als Tagelöhner oder Diebe verdingen. Heute ist die Bedeutung deutlich positiver besetzt.

6. Jemandem den Garaus machen

Diese aus dem süddeutschen Raum überlieferte Redewendung bedeutet in heutiger Zeit etwas völlig anderes (nämlich jemanden umbringen) als im 15. Jahrhundert.

Gar aus bedeutet für sich genommen so etwas wie komplett oder völlig aus oder leer. Es gibt zwei Theorien, die die Herkunft erklären könnten. Die erste bezieht sich auf den sogenannten »Garaus-Glockenschlag«, der in süddeutschen Städten das Ende des Arbeitstages (bei Einsetzen der Dämmerung) und den Beginn des Arbeitstages (bei Sonnenaufgang) einläutete. Die zweite, weiter verbreitete Theorie leitet sich aus dem Ruf der Wirtsleute ab, die mit »Gar aus« ihre Gäste aufforderten, ihre Gläser vollständig zu leeren und nach Hause zu gehen. Auch wurden Betrunkene mit diesem Satz aufgefordert, das Lokal zu verlassen. Warum die Redewendung im Laufe der Jahrhunderte immer negativer besetzt wurde, ist nicht bekannt.

7. Jemandem einen Korb geben

Bedeutet in heutiger Zeit, dass jemand eine Beziehung mit einer Person eingehen möchte, diese Person jedoch ablehnt. Es gibt viele Theorien, die sich auf die Herkunft dieser Redewendung beziehen. Am wahrscheinlichsten scheint die Ableitung von einer mittelalterlichen Sitte. Frauen zogen den Erwählten in einem Korb am Haus hoch und zu sich ins Bett. Stand vor dem Fenster ein ungebetener Gast, wurde der Boden im Korb gelockert, der Freier fiel auf halber Höhe hinunter. Diese mittelalterliche Sitte ist durch diverse Texte und Bilder belegt.

8. Etwas brennt auf den Nägeln

Wenn man etwas unbedingt loswerden möchte, dann brennt es einem auf den Nägeln. Eine an sich etwas seltsam anmutende Formulierung, deren Herkunft nicht zweifelsfrei zu klären ist. So ist etwa überliefert, dass sich manche Mönche in mittelalterlichen Klöstern kleine Kerzen auf die Fingernägel klebten, um während der Frühmesse in ihren Büchern lesen zu können. Andere Quellen verweisen auf eine Foltermethode, bei der die Fingerspitzen (und damit auch die Nägel) mit glimmenden Kohlestückchen malträtiert wurden. Eine ganz einfache Erklärung gibt es auch: Wer eine brennende Kerze lange genug in der Hand hält, hat irgendwann nur noch den Docht. Die Kerze brennt also bis auf den Fingernagel ab.

9. Jemanden in die Schranken weisen
Diese Formulierung bedeutet, einer anderen Person die Grenzen aufzuzeigen oder diese zur Mäßigung aufzurufen. Die Schranken leiten sich dabei von den Balken ab, die im Mittelalter einen Turnierplatz begrenzten. Spiele wie das Lanzenstechen oder Bogenschießen wurden unter strengen Regeln veranstaltet. Schließlich ging es auch um viel, zumeist um die Ehre, manchmal sogar um Leben und Tod. Wer »in die Schranken gewiesen« wurde, musste sich also an diese Regeln halten. Ursprünglich kann sich die Formulierung auch auf die Bahnen bezogen haben, auf denen die Ritter mit ihren Lanzen aufeinander zuritten. Geriet jemand »aus der Bahn« oder »auf die schiefe Bahn«, so wurde er disqualifiziert und bestraft.

10. Darauf kannst du Gift nehmen
Dieser Terminus soll verdeutlichen, dass etwas sehr ernst gemeint ist. Sozusagen eine todsichere Sache. Dies ist

auch gleich die erste Theorie bezüglich der Herkunft. Es ist einfach eine Abwandlung von »todsicher«, da Gift in der Regel tödlich wirkt. Wahrscheinlich wurde die Redewendung aber von einem der sogenannten Gottesurteile abgeleitet, die die mittelalterliche Kirche häufig aussprach. Der Delinquent musste zum Beispiel ein mit Gift beträufeltes Stück Brot essen. Überlebte er die Prozedur, so hatte Gott ihn freigesprochen.

Die 10 wichtigsten Eigenschaften eines guten Mitarbeiters

Expertin: Marzena Sicking, freie Journalistin

1. **Fleiß**
2. **Zuverlässigkeit**
3. **Respekt**
4. **(Spiel)Regeln einhalten**
5. **Teamfähigkeit**
6. **Vorbildfunktion**
7. **Weiterbildungsbereitschaft**
8. **Selbstbewusstsein**
9. **Vertraulichkeit**
10. **Auf eigene Gesundheit achten**

Die 10 berühmtesten Serienmörder

Expertin: Julia Müller, Psychologiestudentin

1. **Jack the Ripper**
   Der wohl bekannteste aller Serienkiller mordete nur ein Jahr lang, und zwar 1888. In dieser Zeit überfiel er ausschließlich Prostituierte. Er schnitt seinen Opfern die Kehle durch und entfernte anschließend die Organe des Unterleibs. Die Präzision, mit der er vorging, lässt darauf schließen, dass Jack the Ripper kein Laie auf dem Gebiet der Chirurgie war. Zur Legendenbildung um Jack the Ripper hat auch beigetragen, dass er niemals gefasst wurde. Die ununterbrochenen nächtlichen Polizeistreifen und zahlreiche Bürgerpatrouillen waren vergebens.

2. **H. H. Holmes**
   Zwischen 1892 und 1895 trug sich in Chicago Entsetzliches zu. H. H. Holmes – oder auch Herman Webster Mudgett, wie sein richtiger Name lautete – nahm zu dieser Zeit einige Umbauten an einem Hotel vor. Es handelte sich jedoch nicht um eine normale Renovierung. Holmes verwandelte das Gebäude in ein wahres Horrorhaus. Er stattete das ehemalige Hotel mit Falltüren, Folterkammern und einer Gaskammer aus. Unter verschiedensten Vorwänden lockte er seine Opfer in das Haus, wo sie eines qualvollen Todes sterben mussten. Anschließend verkaufte Holmes ihre Skelette an Universitäten weiter und machte damit großen Profit. 1895 wurde der Serienkiller schließlich überführt und ein Jahr später gehängt. Vor seiner Festnahme zündete H. H. Holmes das Horror-

haus an, um seine Taten zu vertuschen. Obwohl das Gebäude bis auf die Grundmauern niederbrannte, fand man Knochenreste von etwa 100 Opfern. Vermutlich tötete H. H. Holmes um die 200 Menschen.

3. Fritz Haarmann

Im Mai 1924 spielten einige Kinder in Hannover am Ufer der Leine, als eines von ihnen einen grausigen Fund machte: einen menschlichen Schädel. Einige Tage darauf wurde an derselben Stelle ein weiterer Schädel gefunden, Mitte Juni folgten zwei weitere. Friedrich (genannt »Fritz«) Haarmann gehörte zu den Ersten, die von der Polizei verdächtigt wurden. Jahre zuvor war er schon einmal aufgefallen, damals verschwanden einige junge Männer auf unerklärliche Weise. Eine Wohnungsdurchsuchung konnte die Beweislage aber nicht verbessern, die Behörden tappten weiter im Dunkeln. Durch einen Zufall fand man bei der Vernehmung verschiedener Zeugen heraus, dass einer von ihnen den Anzug eines verschwundenen jungen Mannes namens Robert trug. Auf die Nachfrage, wo der Betroffene das Kleidungsstück erworben hätte, nannte dieser den Handelsmann Friedrich Haarmann. Dieser brach daraufhin zusammen und gestand, mehrere männliche Jugendliche getötet, zerstückelt und in den Fluss geworfen zu haben. Auf dem Grund der Leine fand man später 285 Knochen.

4. Charles Manson

Als Manson 1932 als Sohn einer 16-jährigen Prostituierten geboren wurde, gehörte er bereits zum »Abschaum der Gesellschaft«. Als Erwachsener schloss Manson sich einer kalifornischen Hippie-Bewegung an und wurde dort schnell zu einer Art Guru. Er predigte das baldige Bevorstehen der Apokalypse, den Helter Skelter, wie es die Beatles in einem Album ausdrückten. Manson lebte zusammen mit einigen seiner Anhänger auf einer Farm, die Gemeinschaft bezeichnete sich selbst als »Die Familie«. Zusammen töteten sie reiche Weiße (darunter die schwangere Ehefrau von Roman Polanski, Sharon Tate), um die Morde später den Schwarzen anzulasten. Dadurch wollten sie die beiden »Rassen« dermaßen gegeneinander aufwiegeln, dass es zu einem endgültigen Konflikt kommen sollte, aus dem die Schwarzen siegreich hervorgehen würden. Manson und seine Mitstreiter wurden zu lebenslangen Haftstrafen verurteilt – man geht derzeit von etwa 35 Opfern aus.

5. Christa Lehmann

Bei der ersten Vertreterin der weiblichen Serienmörder handelt es sich um eine Deutsche. Christa Lehmanns Verhältnis zu Männern gestaltete sich schon in ihrer Kindheit sehr schwierig. Von ihrem Vater wurde sie geschlagen, und auch später geriet sie nicht in die besten Hände. Mit 21 Jahren heiratete sie einen Fliesenleger, der sie bereits in der Hochzeitsnacht betrog. Der Fall der deutschen Serienmörderin wurde deshalb so bekannt, weil sie als eine der Ersten das Pflanzenschutzmittel E-605 zu Tötungszwecken einsetzte. Zuerst vergiftete sie ihren untreuen Ehegatten, ein Jahr darauf folgte dann der ungeliebte Schwiegervater. Als die Mutter einer Freundin Verdacht schöpfte, wollte Lehmann auch diese mit Hilfe einer vergifteten Praline aus dem Weg schaffen. Unglücklicherweise aß jedoch ausgerechnet Lehmanns Freundin die Praline und starb sofort daran. Im Februar 1954 wurde Christa Lehmann zu dreimal lebenslänglicher Haft verurteilt.

6. Der Zodiac-Killer

Das Schauerliche an diesem Fall ist die Tatsache, dass er bis heute nicht aufgeklärt werden konnte. Zwischen 1968 und 1969 wurden in den USA insgesamt fünf Menschen in ihren Autos erschossen. Der Killer meldete sich nach seinen Taten bei verschiedenen Tageszeitungen und später auch Fernsehsendern. Er übermittelte verschlüsselte Codes und bekannte sich öffentlich zu seinen Taten, jedoch stets unter seinem Pseudonym »Zodiac-Killer«. Zodiac deshalb, weil der Killer unter all seine Nachrichten das Tierkreissymbol setzte, das im Englischen auch als Zodiac bekannt ist. Trotz zahlreicher Drohungen und Warnungen, die der Serienmörder in den Medien veröffentlichen ließ, kam es seit Dezember 1969 zu keinen weiteren Vorfällen.

7. Ted Bundy

Bundy begann seine Morde 1973 in Seattle. Während seiner »Karriere« als Serienmörder ging er immer nach demselben Schema vor. Alle seine Opfer waren weiblich und hatten lange, dunkle Haare. Der wohl attraktivste aller Serienkiller begnügte sich nicht damit, seine Opfer zu missbrauchen. Er schlug sie zuerst nieder und vergewaltigte sie dann auf sadistischste Art und Weise. Anschließend tötete er seine Opfer und zerstückelte sie. Bundys perverse Ader trieb ihn jedoch häufig dazu, nach ein paar Tagen an die Orte seiner Verbrechen zurückzukehren, wo er sich an den verwesenden Leichenteilen sexuell verging. Erst 1978 konnte die Polizei den Serienkiller fassen. Er wurde durch die Bissspuren am Po eines seiner Opfer als Täter identifiziert und 1989 für seine schätzungsweise 60 Morde hingerichtet.

8. Nikolai Dzhurmongaliev

Das weibliche Geschwür der Gesellschaft – so betitelte Dzhurmongaliev die Frauen. Auf die Frage nach dem Motiv für seine grausigen Taten gab er seinen Hass auf alles Weibliche an. Dzhurmongaliev tötete nicht einfach nur, er behandelte seine Opfer wie Schlachtvieh. Häufig zerstückelte er die Frauen und trank ihr Blut, nachdem er es mit Hilfe kleiner Gefäße aufgefangen hatte. Eine weitere Vorliebe von ihm war der Verzehr von Menschenfleisch. So drehte er die Leichenteile seiner Opfer gerne durch einen Fleischwolf, um damit gefüllte Teigtaschen herzustellen, die er auch ahnungslosen Gästen vorsetzte. Nachdem Dzhurmongaliev in der ehemaligen Sowjetunion seine Taten 1980 begonnen hatte, wurde er mehrmals verhaftet und wegen seiner Schizophrenie in geschlossene Anstalten gesperrt. Immer wieder brach er aus oder wurde von Familienmitgliedern befreit. Erst 1995 konnte der Kannibale endgültig dingfest gemacht werden.

9. Gary Ridgway

Auch hier haben wir es mit einem Serienkiller zu tun, dessen hervorstechendstes Motiv der Hass auf Frauen ist. In Ridgways Fall besonders der Hass auf Prostituierte.

1982 begann eine Serie von schrecklichen Funden, als die Leiche eines 16-jährigen Mädchens in Seattles Green River entdeckt wurde. Ridgway ging immer nach demselben Muster vor. Nachts fuhr er die Straßen ab, sammelte Herumtreiberinnen und Prostituierte ein und fuhr mit ihnen zum Green River. Dort vergewaltigte er sie erst und erwürgte sie anschließend langsam und qualvoll. Danach verging er sich noch einmal an der Leiche des Opfers. Erst 2001 konnte Ridgway aufgrund von DNA-Spuren überführt werden, er sitzt seitdem seine lebenslängliche Strafe im US-Bundesstaat Washington ab.

10. Aileen Wuornos

Die zweite Frau in der Liste der berühmtesten Serienmörder verließ bereits mit elf Jahren das lieblose Elternhaus, landete auf der Straße, wo sie mit 13 vergewaltigt und ein Jahr später schwanger wurde. Wuornos' Leben war seitdem geprägt von Alkohol und Drogen. Um ihre Sucht zu finanzieren, begann sie damit, sich zu prostituieren. In diesem Rahmen beging Wuornos 1989/1990 auch ihre Taten. Sie stieg zu Freiern ins Auto, wo sie sie später erschoss und ihre Wertsachen an sich nahm. Die Serienkillerin wurde 2002 durch die Giftspritze getötet. Bereits ein Jahr darauf erschien der Spielfilm »Monster« mit Charlize Theron und Christina Ricci in den Hauptrollen, der den Fall Wuornos noch einmal neu aufrollte.

Die 10 längsten Nonstop-Flugrouten der Welt

Experte: Jan-Arwed Richter, JACDEC, Luftfahrtexperte und Autor

1. Singapur–New York, Distanz: 15 300, Flugstunden: 18:40
2. Singapur–Los Angeles, Distanz: 14 110, Flugstunden: 18:05
3. Sydney–Dallas, Distanz: 13 800, Flugstunden: 15:30
4. Johannesburg–Atlanta, Distanz: 13 600, Flugstunden: 17:00
5. Dubai–Los Angeles, Distanz: 13 400, Flugstunden: 16:30
6. Bangkok–Los Angeles, Distanz: 13 310, Flugstunden: 17:00
7. Dubai–Houston, Distanz: 13 140, Flugstunden: 16:20
8. Dubai–San Francisco, Distanz: 13 000, Flugstunden: 15:45
9. Hongkong–New York, Distanz: 12 990, Flugstunden: 15:30
10. New York-Newark–Hongkong, Distanz: 12 980, Flugstunden: 15:45

Die 10 schönsten Silvesterbräuche anderer Länder

Experte: Redaktion ZEHN.DE

1. **Schottland**
   Dass die Leute mit dem Kilt eigenwillige folkloristische Gebräuche pflegen, ist bekannt. Zu Silvester (schottisch: Hogmanay) machen sie da keine Ausnahme. Dort gehen kurz nach Mitternacht junge Männer durch die Straßen – mit Whisky, Rosinenbrot und einem Stück Kohle. Steht so ein Nachtschwärmer vor der Haustür, muss man ihn unbedingt hereinbitten, denn er bringt Glück für das neue Jahr.

2. **Spanien**
   Spanische Supermärkte bieten zum Jahreswechsel besondere Päckchen mit nur zwölf Weintrauben an. Dies hat seine Ursache in einem Silvesterbrauch auf der Iberischen Halbinsel. Dort ist es üblich, dass man um Mitternacht zu jedem Glockenschlag eine Traube verspeist.

3. **Italien**
   Für jedermann sichtbar sichern sich Paare in Italien zum Jahreswechsel Glück, indem sie einen goldenen Ring in die Gläser legen, mit denen sie anstoßen. Im Regelfall unsichtbar bleibt ein anderer Brauch: Italienerinnen (und übrigens auch Chileninnen) tragen in der letzten Nacht des Jahres rote Unterwäsche. Auch das verheißt Glück für die kommenden Monate.

4. Griechenland

Was in manchen Gegenden Deutschlands zu Ostern mit einem gebackenen Osterlamm aus Kuchenteig praktiziert wird, erledigen die Griechen mit Hilfe eines frischen Brotes zu Silvester: Sie mischen nämlich eine Münze in den Teig, bevor er dann zu Brot geformt und in den Ofen geschoben wird. Wer beim Verzehr die Münze in seiner Brotscheibe findet, der kann nach Ansicht der Griechen mit Glück für das ganze Jahr rechnen.

5. Argentinien

Weil man alles hinter sich lassen möchte, haben die Argentinier einen sehr sinnvoll wirkenden Brauch entwickelt: Sie vernichten alle alten Unterlagen, auf die man im neuen Jahr verzichten kann. Und das geschieht nicht irgendwie – vielmehr werden die Papiere sorgsam in kleine Schnipsel zerrissen, die man dann aus dem Fenster wirft, um sich so der alten Last zu entledigen.

6. Brasilien

Farben prägen das Fest zum Jahreswechsel im größten Land Südamerikas. Man feiert in Weiß, der Farbe der Unschuld, der Reinheit und des Friedens. Weil Weiß gleichzeitig auch die Lieblingsfarbe der Meeresgöttin Yemanjá ist, die die weibliche Fruchtbarkeit symbolisiert, wird sie zu Silvester besonders von den brasilianischen Frauen geehrt. Sie werfen deshalb Blumen ins Meer. Außerdem stecken sie am Strand Kerzen in den Sand: rote für Glück in der Liebe, weiße für den Frieden und gelbe für Geldsegen. Auch die Brasilianerinnen tragen in dieser Nacht besondere Unterwäsche: rote Dessous in der Hoffnung auf die große Liebe, weiße für ein harmonisches Leben.

7. China

Wie auch Koreaner und Vietnamesen feiern die Chinesen das neue Jahr mit Verspätung meist erst im Februar – immer am Tag des ersten Vollmonds nach dem 21. Januar. Dann aber drei Tage lang. Die Zahl der Neujahrsriten ist entsprechend groß. Man putzt das Haus mit Bambuszweigen, die dann die bösen Geister vertreiben. Gleichzeitig werden von der Bettwäsche bis zur Kleidung alle Textilien erneuert. Man schmückt sein Haus mit roten Papierstreifen und goldenen Glückszeichen. Kurz vor Mitternacht werden alle Fenster geöffnet, um das neue Jahr ins Haus zu lassen. Kinder und Unverheiratete erhalten kleine Geldgeschenke, die in rote Tücher eingewickelt und mit Glückssymbolen versehen sind. In einigen Landesteilen werfen Unverheiratete Mandarinen ins Meer – in der Hoffnung auf gute Ehepartner.

8. Israel

Damit das neue Jahr in jeder Hinsicht süß sein möge, serviert man in jüdischen Familien am Neujahrsabend süße Äpfel, Honig und Honigkuchen. Oft wird auch eine süße Speise aus Möhren gereicht. Die Wurzeln heißen auf Jiddisch »Meren«, ein Wort, das auch »wachsen« oder »zunehmen« bedeutet. Weil nach jüdischer Auffassung Gott an diesem Tag sein Urteil über den Menschen in ein Buch einträgt, grüßt man sich mit dem Wunsch: »Du mögest für ein gutes Jahr eingeschrieben sein.«

9. Japan

Das Fest zum Jahreswechsel im fernöstlichen Kaiserreich dauert bis zum 7. Januar und beginnt eher moderat. Denn die ersten drei Tage sind der Ruhe gewidmet, dem Zusammensein in der Familie. Allerdings wird die Ruhe um Mitternacht von 108 Glockenschlägen unterbrochen, die von jedem Tempel des Landes schallen: Symbol für die 108 Übel des alten Jahres, die damit vertrieben werden. Anschließend wird laut und fröhlich gefeiert. Eine Besonderheit sind die Mochis, Klöße aus gestampftem Klebereis. Die Japaner versprechen sich von dem Verzehr Glück und ein langes Leben – oft ist aber das Gegenteil der Fall. Denn jedes Jahr bleiben die klebrigen Dinger etlichen Japanern im Hals stecken. Und jedes Jahr erstickt der eine oder andere qualvoll daran. Die Feuerwehr wiederholt deshalb jährlich die Warnung, wie man sich im Mochi-Notfall verhalten solle: das Opfer auf den Bauch legen und fünfmal mit der Hand zwischen die Schulterblätter schlagen.

10. Österreich

Neujahrssänger sind das wichtigste Kennzeichen der österreichischen Neujahrsnacht. Sie ziehen in den Dörfern von Haus zu Haus. Ein Vorsänger beginnt mit einer frommen Einleitung, der Chor stimmt dann zu Neckversen an, die auf einzelne Ereignisse oder auch auf Eigenheiten der Hausbewohner eingehen. Abschließend folgt ein Segenswunsch für Haus, Hof und Bewohner, und die Sänger werden beschenkt. Bis zum Morgengrauen wiederholt sich das Zeremoniell, später teilen die Chormitglieder die Geschenke untereinander auf. In der

Hauptstadt Wien dagegen ist es der Walzer, der die Nacht begleitet. Die Wiener tanzen im Dreivierteltakt auf dem Rathausplatz dem neuen Jahr entgegen.

Die 10 besten Blitzgerichte für den Singlehaushalt

Expertin: Sonja Helms, freie Journalistin Ernährung und Genuss

1. **Nudeln in Pesto**
   Viel schneller geht es kaum. Sie müssen nur die Nudeln bissfest garen, abgießen und mit etwas Pesto vermengen. Noch schneller geht es mit frischer Pasta aus der Kühltheke. Die kalte Sauce können Sie vorher erwärmen, müssen es aber nicht. Zum Schluss mit frisch geriebenem Parmesan bestreuen – das war es schon. Verfeinern lässt sich das Gericht, indem Sie den Teller mit Rucola, fein gewürfelter Paprika oder Parmaschinkenstreifen garnieren. Sie können auch ein paar Garnelen dazu braten, während die Nudeln kochen, oder in der Zeit ein paar Pinienkerne rösten und darüber streuen.

2. **Omelett, Frittata, Tortilla**
   Eier sind eine dankbare Grundlage, weil sie sich mit wenigen Zutaten schnell in sättigende Hauptgerichte verwandeln lassen. Das Prinzip ist immer dasselbe: gewünschte Zutaten kleinschneiden, in etwas Öl anbraten, pro Person je nach Hunger ein bis zwei Eier verquirlen,

würzen und darüber geben. Das Ganze entweder bei niedriger Hitze in der Pfanne oder im vorgeheizten Backofen stocken lassen.

3. Gemüsesuppe

Für eine relativ schnelle Variante gehen Sie grob folgendermaßen vor: Das entsprechende Gemüse gleichmäßig kleinschneiden, dann gart es schneller. Eine Zwiebel fein würfeln und in Öl oder Butter anschwitzen, das Gemüse dazugeben und anbraten, mit Gemüse- oder Hühnerbrühe aufgießen und einige Minuten köcheln lassen, bis es weich ist. Würzen, nach Belieben pürieren und mit Sahne, saurer Sahne oder Crème fraîche verfeinern.

4. Couscous-Salat

Der größte Vorteil von Couscous ist: Er ist fix fertig und einfach in der Zubereitung. Meist bekommen Sie ohnehin Instant-Couscous, den Sie nur kurz aufkochen oder mit kochend heißem Wasser übergießen und zugedeckt etwa zehn bis 15 Minuten quellen lassen müssen – selbst Sterneköche setzen ihn ein. Danach mit einer Gabel auflockern und nach Belieben etwas Butter unterrühren. Während er quillt, haben Sie genug Zeit, Gemüse zu schneiden. Das können Gurken, Tomaten, Paprika oder Karotten sein oder Auberginen und Zucchini. Frische Kräuter wie Petersilie, Koriander oder Minze dürfen auf keinen Fall fehlen. (Das klassische arabische Tabouleh enthält nur Tomaten und Frühlingszwiebeln, dafür aber große Mengen an Petersilie und Minze – und schmeckt wunderbar!) Zum Schluss rühren Sie eine Vinaigrette aus Olivenöl, Zitrone, Salz, Pfeffer und einer Prise Zucker an.

5. Pilzpfanne

Das Putzen und Kleinschneiden ist vermutlich das Aufwendigste an einer Pilzpfanne. Sobald das aber erledigt ist, geht der Rest schnell von der Hand. Mit Schalotten oder Zwiebeln, eventuell auch Knoblauch in Butterschmalz angebraten, bilden sie eine gute Grundlage für viele Kreationen. Wer es deftig mag, kombiniert sie mit Speckwürfeln. Manche bevorzugen eine cremige Pilzpfanne, löschen die Pilze mit Weißwein oder Brühe ab und rühren Sahne oder Crème fraîche unter. Andere mögen es lieber pur, lassen die Flüssigkeit verdampfen und würzen nur mit frischer Petersilie, Salz und Pfeffer.

6. Linsengemüse

Nicht alle Linsen müssen über Nacht in Wasser liegen. Rote und gelbe Linsen etwa sind geschält, garen auch ohne Einweichen schnell und lassen sich ohne großen Aufwand in einen sättigenden Salat verwandeln. Einfach in Brühe oder Wasser kochen – das dauert nicht viel länger als zehn Minuten – und etwas abkühlen lassen. Dann mit den Zutaten Ihrer Wahl vermengen, eine Vinaigrette unterrühren, fertig.

7. Minutenschnitzel

Dünne, kleine Kalbs- oder Schweineschnitzel sind in wenigen Minuten gar. Einfach nur abspülen, trockentupfen, in Butterschmalz oder Öl von beiden Seiten etwa zwei Minuten braten und anschließend mit Salz und Pfeffer würzen. Als Beilage eignen sich zum Beispiel geschmorte Tomaten: Ein paar aromatische Tomaten grob zerkleinern und mit einer angedrückten Knoblauchzehe, einem Zweig Thymian oder Rosmarin sowie Salz und Pfeffer in etwas Olivenöl etwa 10 Minuten schmoren. Mit Salz, Pfeffer und einer Prise Zucker abschmecken und zum Fleisch servieren.

8. **Fischfilet mit Gemüse**
   Viele trauen sich nicht an das Meerestier heran, weil sie Angst haben, etwas falsch zu machen. Dabei ist das gar nicht nötig. Der Kardinalfehler ist, Fisch zu lange zu garen – zwei bis drei Minuten pro Seite genügen bei einem Filet in der Regel. Damit qualifiziert sich der Fisch durchaus als Blitzgericht. Zum Beispiel Lachs: Den müssen Sie nur abspülen, trockentupfen, eventuell in Streifen schneiden und in heißem Öl langsam anbraten.

9. **Wok-Gemüse**
   Gut, das Schnippeln dauert ein paar Minuten, aber so lange auch wieder nicht. Möhren, Lauch, Brokkoli, Paprika, Zuckerschoten – viel ist bei solchen Sorten nicht zu tun. Das Gemüse wird schließlich nur gewaschen und in Scheiben oder mundgerechte Stücke geschnitten, nicht kunstvoll geschnitzt. Auch hier wird man mit Übung schneller. Außerdem macht die kurze Garzeit den Aufwand wieder wett.

10. **Spaghetti aglio e olio**
    Noch eine Pastavariation für sehr eilige Esser: Bei diesem Klassiker werden die gegarten Nudeln nur in Knoblauch und Öl geschwenkt – diese Zutaten hat man meistens vorrätig. Während die Spaghetti kochen, ein bis zwei Knoblauchzehen schälen und in feine Scheiben schnei-

den. In etwas Olivenöl bei geringer Hitze langsam anbraten. Wer mag, gibt noch in feine Streifen geschnittene Chilischote dazu. Kurz bevor die Nudeln fertig sind, Knoblauch vom Herd nehmen, mit etwas Nudelwasser vermischen und in einer Schüssel mit den Nudeln vermengen. Bei Bedarf etwas Olivenöl dazugeben, feingeschnittene Petersilie untermischen, salzen und pfeffern. Und den frisch geriebenen Parmesan nicht vergessen.

Die 10 blödesten Sprüche, die Ihren Chef nerven

Experte: Klaus Schuster, MBM, Management-Coach, Berater und Bestsellerautor

1. »Das geht nicht! Das funktioniert nicht!
2. »Das hamm' wer immer so gemacht!«
3. »In der alten Firma haben wir das anders gemacht!«
4. »Chef, was sollen wir machen?«
5. »Ich brauche Ihre Unterschrift!«
6. »Kann ich reinkommen?«
7. »Kann ich nächste Woche frei haben?«
8. »Chef, wir haben ein Problem!«
9. »Chef, ich brauche mehr Leute!«
10. »Das hätte ich Ihnen gleich sagen können!«

Die 10 wichtigsten Fußballregeln für Fußballunkundige

Experte: Oliver Schoch, Immobilien- und Finanzspezialist

1. **Das Fußballspiel**
Beim Fußball geht es darum, dass zwei Mannschaften mit jeweils elf Spielern (inklusive einem Torwart) über eine Dauer von zweimal 45 Minuten versuchen, den Ball so oft wie möglich in das gegnerische Tor zu befördern. Tore dürfen grundsätzlich mit jedem Körperteil, außer mit den Händen und den Armen, erzielt werden. Das Spielfeld ist in zwei Hälften aufgeteilt und zudem mit einigen Grenzen und Linien versehen, wie zum Beispiel der Torlinie, der Strafraumlinie und der Mittellinie. Zu den grundlegenden Spielregeln gehört es auch, dass der gegnerische Spieler nicht gefoult werden darf. Ein begangenes Foul kann auf verschiedene Weise vom Schiedsrichter geahndet werden, beispielsweise durch eine Ermahnung, eine Gelbe oder eine Rote Karte.

2. **Die Maße**
Zu den offiziellen Fußballregeln gehört es auch, dass verschiedene Maße eingehalten werden müssen. So muss das Tor eine Höhe von exakt 2,44 Metern haben und genau 7,32 Meter breit sein. Zudem müssen die Tore auch fest im Boden verankert sein. Das Spielfeld ist rechtwinklig und zwischen 90 und 120 Metern lang. Die Breite darf zwischen 45 und 90 Metern betragen. Auch wenn es in der Praxis nie zu sehen ist, könnte laut DFB (Deutscher Fußballbund) ein Fußballfeld also auch qua-

dratisch sein. Der Ball muss eine runde Form haben, aber nicht zwangsläufig aus Leder sein. Der Umfang muss mindestens 68 Zentimeter betragen und darf nicht über 70 Zentimeter hinausgehen. Das Gewicht muss zwischen 410 und 450 Gramm betragen.

3. Die Mannschaften

Eine Mannschaft besteht beim Fußball aus insgesamt elf Spielern, die sich auf dem Spielfeld befinden dürfen, und zwar aus zehn Feldspielern und einem Torwart. Insgesamt darf der Trainer der Mannschaft im Normalfall für ein Spiel 18 Spieler benennen, wovon dann sieben auf der Ersatzbank sitzen. Bei den meisten Fußballspielen ist es so, dass während des Spiels maximal drei Spieler ausgewechselt werden dürfen. Ein Spiel kann nicht mehr fortgesetzt werden, wenn eine Mannschaft nicht mindestens noch sieben Spieler auf dem Feld hat. Wurde ein Spieler aufgrund einer Roten Karte des Feldes verwiesen, so darf dieser Spieler nicht durch einen anderen Spieler ersetzt werden. Wurde der Torwart vom Platz gestellt und kann nicht mehr gewechselt werden, muss ein bisheriger Feldspieler ins Tor.

4. Die Strafen

Einige wichtige Fußballregeln müssen sich leider mit der Bestrafung von Fouls und sonstigen Regelverstößen beschäftigen, die relativ häufig während eines Fußballspiels verübt werden. Die Strafen sind dabei in verschiedene Stufen, je nach Schwere des Fouls oder des sonstigen Regelverstoßes, und in verschiedene Maßnahmen unterteilt. Wird ein Spieler leicht gefoult, so bekommt dessen Mannschaft an der Stelle des Fouls einen Freistoß. Je nach Art des Fouls gibt es indirekte und direkte Freistöße. Findet ein Foul im Strafraum statt, gibt es statt des Freistoßes jedoch einen Strafstoß, auch als Elfmeter bezeichnet. Etwas schwerere oder auch wiederholte Fouls werden mit einer Verwarnung geahndet, die durch Zeigen einer Gelben Karte verdeutlicht wird. Bei schweren oder nach einer erhaltenen Gelben Karte wiederholten Fouls wird der Spieler des Feldes verwiesen, was durch die Rote oder die Gelb-Rote Karte verdeutlicht wird.

5. Das Abseits

Besonders wenn Männer Frauen testen möchten, ob sie sich im Fußballsport auskennen, kommt die Frage nach der Abseitsregel, die sicherlich die bekannteste, aber gleichzeitig auch am schwersten zu erklärende Regel ist: Ein Fußballspieler ist dann im Abseits, wenn er in dem Moment, in dem er den Ball erhält, näher am gegnerischen Torwart ist als irgendein Spieler der gegnerischen Mannschaft. Das Abseits gilt allerdings erst dann, wenn der betroffene Spieler in der gegnerischen Hälfte ist. In der eigenen Hälfte kann es kein Abseits geben, auch nicht, wenn der zu Beginn beschriebene Tatbestand eingetreten ist.

6. Die Schiedsrichter

Neben den Spielern sind vor allem auch die Schieds- und Linienrichter im Fußball von großer Bedeutung. In der Regel leitet ein Schiedsrichter das Spiel und wird an den Seitenlinien von zwei Linienrichtern unterstützt. Während der Schiedsrichter die Aufgabe hat, das Spiel zu leiten, Fouls zu ahnden und für den ordnungsgemäßen Ablauf des Spiels zu sorgen, haben die Linienrichter vor allem drei Hauptaufgaben: Sie sollen zum einen überwachen, ob der Ball die Seiten- oder Torlinie überquert hat, und zum anderen auch eine Abseitsposition anzeigen. Zudem sollen die Linienrichter auch Fouls anzeigen.

7. Der Strafstoß

Die größte Chance auf ein Tor hat beim Fußball nach wie vor die Mannschaft, die einen Strafstoß zugesprochen bekommt, auch als Elfmeter oder kurz als Elfer bezeichnet. Der Strafstoß wird einer Mannschaft dann zugesprochen, wenn ein gegnerischer Spieler im Strafraum des Gegners gegen eine Regel verstößt. Meistens handelt es sich bei diesem Regelverstoß um ein Foul. Wird ein Spieler also im Strafraum der gegnerischen Mannschaft von einem gegnerischen Spieler gefoult, so muss der Schiedsrichter das mit einem Strafstoß ahnden, der dann als Schuss vom Elfmeterpunkt ausgeführt wird. Einen Elfmeter gibt es aber auch dann, wenn der gegnerische Spieler zum Beispiel im Strafraum den Ball mit der Hand oder dem Arm berührt. Eine Ausnahme gibt es nur, wenn es sich um eine natürliche Bewegung handelte, der Arm oder die Hand also nicht bewusst zum Ball ging.

8. Verlängerung und Elfmeterschießen

Ein Fußballspiel dauert zunächst einmal 90 Minuten, jeweils in zwei Halbzeiten zu je 45 Minuten unterteilt. Steht nach diesen 90 Minuten kein Sieger fest, weil beide Mannschaften die gleiche Anzahl von Toren geschossen haben, ist das Spiel im regulären Ligabetrieb beendet. Bei bestimmten Fußballspielen, zum Beispiel bei Pokalspielen auf nationaler oder auch internationaler Ebene, muss es jedoch manchmal einen Sieger geben. In dem Fall gibt es zunächst nach der regulären Spielzeit eine Verlängerung von zweimal 15 Minuten. Sollte auch nach der Verlängerung keine Mannschaft mehr Tore als die andere Mannschaft erzielt haben, folgt nach der Verlängerung das Elfmeterschießen. Dabei hat jede Mannschaft fünf Versuche, und es gewinnt schließlich die Mannschaft, die am meisten Elfer verwandelt.

9. Eckball und Einwurf

Das Fußballspiel darf nur in den das Spielfeld begrenzenden Linien stattfinden, also zwischen den beiden Torlinien und den Seitenlinien. Überschreitet der Ball eine dieser Linien, wird auch davon gesprochen, dass der Ball sich im Aus befindet. Ist der Ball im Toraus (Überschreiten der Torlinie), so gibt es zwei Möglichkeiten, wie das Spiel fortgesetzt wird. Entweder der Ball wurde von einem Spieler der Mannschaft über die eigene Torlinie befördert, dann erhält die gegnerische Mannschaft einen Eckball, oder ein gegnerischer Spieler befördert den Ball über die Torlinie des Gegners, dann gibt es einen Torabstoß. Wurde der Ball über die Seitenlinie befördert, gibt es statt des Eckballs oder Abstoßes des Torwarts jedoch einen Einwurf. Den Einwurf erhält immer die Mannschaft zugesprochen, die den Ball nicht über die Linie befördert hat.

10. **Die Schwalbe**
Nein, beim Fußball spielen keine Vögel mit, auch wenn ein bestimmter Regelverstoß umgangssprachlich mit dem Wort Schwalbe bezeichnet wird. Genauer gesagt spricht man von einer Schwalbe, wenn ein Spieler vorgetäuscht hat, gefoult worden zu sein. Das Ziel des Spielers, der ein solches Foul vortäuscht, ist es fast immer, dadurch einen Freistoß oder einen Strafstoß zugesprochen zu bekommen und so die Chance auf ein Tor zu erhöhen. Die Schiedsrichter sind dazu angehalten, eine solche Schwalbe mit einer Verwarnung, also einer Gelben Karte, zu ahnden, da es sich dabei um unsportliches Verhalten handelt.

Die 10 luftigsten Baumhaus-Hotels

Experte: Wolfgang Breuer, Freier Journalist

1. **Les Cabanes Perchées im Chateau de Valmer, Cote d'Azur/Frankreich**
2. **Kulturinsel Einsiedel, Neißeaue/Deutschland**
3. **Hotel Hackspett, Västerås/Schweden**
4. **Tsala Treetop Lodge, Gardenroute/Südafrika**
5. **Green Magic Nature Resort, Kerala/Indien**
6. **Baumhäuser im Center Park Bispinger Heide/ Deutschland**
7. **Free Spirit Spheres Qualicum Beach/Kanada**

8. Cedar Creek Treehouse, Ashford/USA
9. The Tree House Lodge, Punta Uva/Costa Rica
10. Secrets on the Lake, Sunshine Coast/Australien

Die 10 kommerziellsten Erfolge beim Eurovision Song Contest

Expertin: Anna Miller, Autorin, freie Texterin und Ghostwriterin

1. ABBA: Waterloo, 1974 in Brighton, 1. Platz
2. Johnny Logan: Hold Me Now, 1987 in Brüssel, 1. Platz
3. Céline Dion: Ne partez pas sans moi, 1988 in Dublin, 1. Platz
4. Udo Jürgens: Merci Chérie, 1966 in Luxemburg, 1. Platz
5. Sandie Shaw: Puppet on a string, 1967 in Wien, 1. Platz
6. Nicole: Ein bisschen Frieden, 1982 in Harrogate, 1. Platz
7. Cliff Richard: Congratulation, 1968 in London, 2. Platz

8. Dana: All kinds of everything, 1970 in Amsterdam, 1. Platz
9. Vicky Leandros, Après toi, 1972 in Luxemburg, 1. Platz
10. Riverdance, »a phenomenon of historic proportions«, 1994 in Dublin, nicht nominiert, wurde zwischen den Auftritten der Interpreten und der Punktevergabe gespielt.

Die 10 besten Fitnessübungen für zu Hause

Experte: Jörg Birkel, Diplom-Sportwissenschaftler, Sportjournalist

1. **Kniebeugen**
Kniebeugen sind mit Abstand die beste Fitnessübung – nicht nur für zu Hause. Der Klassiker kräftigt nicht nur Ihre Bein- und Gesäßmuskeln, sondern stärkt auch Ihre Rumpfmuskulatur.

2. **Liegestütze**
Die beste Übung für die Brustmuskulatur ist laut einer Studie der Universität Bayreuth der Liegestütz – bei keiner anderen Brustübung ohne zusätzliche Gewichte konnte mittels Elektromyographie (EMG) eine höhere Spannung gemessen werden.

3. Klimmzüge

Mit Klimmzügen können Sie perfekt den oberen Rücken und den Bizeps trainieren. Dafür reicht bereits Ihr Körpergewicht völlig aus. Für Anfänger könnten Klimmzüge allerdings zu schwer sein, so dass man auf die Hilfe eines Trainingspartners angewiesen ist.

4. Crunch mit gestreckten Armen

Legen Sie sich auf den Rücken, Arme ausgestreckt neben den Kopf. Winkeln Sie die Beine an und stellen Sie die Fersen auf den Boden. Jetzt heben Sie langsam die Schultern vom Boden ab und halten die Hände dabei hinter den Kopf. Der untere Rücken bleibt die ganze Zeit flach auf dem Boden, das Becken wird Richtung Oberkörper gekippt. Beim Ablassen sollten Sie die Schultern nicht ganz ablegen, sondern immer Spannung im Bauch behalten.

5. Beckenlift

Legen Sie sich auf den Rücken und verschränken Sie die Arme hinter dem Kopf. Eine Ferse auf den Boden stellen und das andere Bein anwinkeln. Jetzt heben Sie das Becken und spannen dabei Po und Bauch an. Bauen Sie Druck auf, indem Sie die Ferse aktiv in den Boden pressen und gleichzeitig versuchen, den Fuß Richtung Gesäß zu ziehen. Halten Sie die Position für 30 bis 60 Sekunden und wechseln anschließend das Bein.

6. Seitlicher Unterarmstütz

Legen Sie sich auf die Seite und stützen den Unterarm auf Höhe der Schulter auf den Boden. Jetzt heben Sie das Becken vom Boden ab und spannen die Bauchmuskulatur an. Spreizen Sie gleichzeitig ein Bein nach oben ab. Sie können diese Position statisch halten oder das Bein auf und ab bewegen. Bleiben Sie für 30 bis 60 Sekunden in dieser Haltung und wechseln danach die Seite.

7. Unterarmklemme

Setzen Sie sich auf einen flachen Hocker oder auf einen Stuhl und klemmen einen Ihrer Unterarme mit Hand und Ellenbogen zwischen den Oberschenkeln ein. Jetzt pressen Sie Ihre Beine so fest wie möglich gegeneinander und halten diese Position für 30 bis 60 Sekunden.

8. Wadenheben

Stellen Sie sich aufrecht mit dem Fußballen auf die Kante einer Stufe und halten Sie sich mit den Händen an einer Wand fest. Senken Sie die Ferse leicht ab, bis Sie einen Zug in der Wade verspüren. Jetzt gehen Sie in den Zehenspitzenstand. Kurz halten und langsam wieder in die Dehnung gehen. Machen Sie davon je drei Sätze mit zwölf Wiederholungen pro Seite.

9. Liegestütze rücklings

Dafür brauchen Sie zwei Bänke oder Hocker. Stellen Sie beide etwa einen Meter auseinander und platzieren die Füße auf der einen Bank und stützen sich mit den Händen hinter dem Rücken auf die andere Bank. Spannen Sie den Bauch an und strecken die Brust raus. Jetzt lassen Sie sich ganz langsam nach unten absinken, bis Ihre Oberarme maximal waagerecht sind. Kurz halten und dynamisch wieder nach oben drücken. Versuchen Sie, Ihren Körper nur aus der Armstreckung heraus anzuheben.

10. Konzentrations-Curls
Die effektivste Bizepsübung ist der Konzentrations-Curl mit einer Kurzhantel. Dafür setzt man sich auf eine Bank oder einen Hocker und nimmt eine Hantel zur Hand. Stützen Sie den Ellenbogen von innen gegen Ihren Oberschenkel und lassen die Hanteln nach unten hängen. Jetzt beugen Sie ganz langsam und konzentriert den Arm und heben die Hantel bis auf Brusthöhe an. Kurz halten und dann die Hantel genauso langsam und konzentriert ablassen. Versuchen Sie dabei Ihren Oberarm aktiv anzuspannen.

Die 10 ausgefallensten Geschenkideen für Männer zum Jahrestag

Expertin: Nike Steiner, Autorin Musik, Mode, Beauty & Wellness, Lifestyle

1. Sie beide als Comic
Ein Comic mit Ihnen in den Hauptrollen kann Pärchenromantik und Cartoon-Kunst zusammenbringen. Wie sehen Sie sich als Paar? Als Fred und Ginger, als Polizist und Politesse, als Tarzan und Jane, als Seemann und seine Braut, im Urlaub auf Hawaii? Unter mehr als 100 Motiven können Sie dasjenige auswählen, das am besten zu

Ihnen und Ihrer Beziehung passt. Dann müssen Sie nur noch ein Foto von sich hochladen, und schon erstellen diplomierte Auftragsmaler Ihr Wunschmotiv mit Ihren Gesichtszügen. Anbieter und Programme dazu gibt's im Internet.

2. Aktbild der Liebsten

Schenken Sie Ihrem Liebsten etwas ganz Besonderes: ein erotisches Bild von sich, das die Konkurrenz mit edlen Hochglanzakt- oder -dessousbildern nicht scheuen muss. Fotostudios, die Aktshootings von Frauen für Frauen anbieten, gibt es in fast jeder größeren Stadt. Von Frau zu Frau gibt es meist weniger Hemmungen, wenn die Hüllen fallen. Außerdem weiß eine Frau ganz genau um die kleinen Schwachstellen, die trickreich kaschiert werden.

3. Persönliche Fototapete

Ob nun der Schnappschuss einer Landschaft aus dem gemeinsamen Urlaub, eine Fotomontage von ihm und seiner Lieblingsband oder seinem Lieblingsfußballverein oder auch eine sehr spezielle Aufnahme von Ihnen selbst (siehe Geschenktipp Nummer 2) – nichts ist unmöglich, alles lässt sich an die Wand bringen.

4. Personalisierte M&Ms

Es gibt fast nichts mehr, das nicht auch in der individuellen Variante zu haben ist. Zum Beispiel SEINE Lieblingssüßigkeiten. Bei »My M&M's« können Sie aus der ganzen M&M-Vielfalt zwei Farben auswählen, zwei Wunschtexte à maximal zwei mal acht Zeichen eingeben, Verpackung und Menge bestimmen – und ab geht die Post mit der süßen Botschaft.

5. Aufblasbare Rockgitarre
Nehmen Sie Ihren Jahrestag zum Anlass, ihm einmal ganz deutlich zu zeigen, dass Sie seine Träume und Marotten liebenswert finden. Mit der aufblasbaren Rockgitarre z. B. im coolen Stars-and-Stripes-Design machen Sie Ihrem Liebsten außerdem klar, wo für Sie die Musik spielt: nämlich dort, wo er ist.

6. Badebuch für Männer
Nicht zum Aufblasen, aber immerhin aus schwimmfähigem Gummi und versehen mit acht Seiten geschmackvollen erotischen Schwarzweißfotos ist das »Badebuch für Männer«. Sie beweisen damit nicht nur Ihre Großzügigkeit, wenn er sich Bilder von anderen Frauen anschaut – Sie zeigen Verständnis für sein inneres Kind, das doch eigentlich nur eins will: spielen.

7. Spaß im Bett – das Set
Damit es – dem Anlass angemessen – dann auch ein ganz besonderes Schäferstündchen wird, bringen Sie das »Spaß im Bett«-Set mit ins Spiel. Es enthält viele schöne Utensilien, die Sie beide kreativ zum Einsatz bringen können: eine Herrenkrawatte, einen Damenstrumpf, eine Feder und 240 Karten, die Ihnen sagen, was Sie damit tun sollen.

8. Herz-Lose

Nicht den Karten, sondern dem Los überlässt man die nächsten Stunden mit dem »Herz voller Erotik mit 100 Herausforderungen«. Hier nimmt einer der beiden Partner die mitgelieferte Pinzette, pickt ein Losröllchen aus dem Herz – und los geht's!

9. Uhr, die rückwärts läuft

Wie wäre es denn dann zum Beispiel mit einer Uhr, die rückwärts läuft? Sie macht dem Partner beim Schäferstündchen unmissverständlich klar: Mit dir steht die Zeit still! Falls er den Hinweis nicht gleich versteht, schenken Sie ihm doch die Schmusesingle von Joy Denalane und Max Herre samt Textblatt dazu: »Mit dir steht die Zeit still / du bist was ich will / spürst du was ich fühl / denn was ich fühl ist real …«

10. Eine Nacht im Hotel

Gerade wenn es sich um ein rundes Jubiläum Ihrer Beziehung handelt, darf es vielleicht auch mal etwas mehr und teurer sein, oder? Dann überraschen Sie Ihren Liebsten doch mit einer Nacht im Hotel. Und zwar in Ihrem Heimatort.

Die 10 wichtigsten Deutschen

Expertin: Chris Schmidt, Historikerin

1. Johann Sebastian Bach (1685–1750)
2. Immanuel Kant (1724–1804)
3. Johann Wolfgang von Goethe (1749–1832)
4. Ludwig van Beethoven (1770–1827)
5. Heinrich von Kleist (1777–1811)
6. Konrad Duden (1829–1911)
7. Rudolf Diesel (1858–1913)
8. Thomas Mann (1875–1955)
9. Konrad Adenauer (1876–1967)
10. Helmut Rahn (1929–2003)

Die 10 wichtigsten Opern, die man gesehen und gehört haben muss

Experte: Bernhard Keller, Schriftsteller, Buchhändler

1. **L'Orfeo von Claudio Monteverdi**
   Uraufführung: 24. Februar 1607

2. **Don Giovanni oder der bestrafte Wüstling von Wolfgang Amadeus Mozart**
   Uraufführung: 29. Oktober 1787

3. **Die Zauberflöte von Wolfgang Amadeus Mozart**
   Uraufführung: 30. September 1791

4. **I Capuleti e i Montecchi von Vincenzo Bellini**
   Uraufführung: 11. März 1830

5. **Lucia di Lammermoor von Gaetano Donizetti**
   Uraufführung: 26. September 1835

6. **Tristan und Isolde von Richard Wagner**
   Uraufführung: 10. Juni 1865

7. **Aida von Giuseppe Verdi**
   Uraufführung: 24. Dezember 1871

8. **Die Fledermaus von Johann Strauss (Sohn)**
   Uraufführung: 5. April 1874

9. **Carmen von George Bizet**
   Uraufführung: 3. März 1875

10. **Madama Butterfly von Giacomo Puccini**
    Uraufführung: 17. Februar 1904

Die 10 beliebtesten Werbetiere Deutschlands

Experte: Oliver Schoch, Immobilien- und Finanzspezialist

1. Bärenmarke-Bär – Bärenmarke
2. Lurchi – Salamander Schuhe
3. Die lila Kuh – Milka
4. Pinguine – Kinder Pinguin
5. Wackeldackel – Aral
6. Tiger – Esso
7. Duracell-Hase – Duracell
8. Charmin-Bär – Charmin Toilettenpapier
9. Felix-Kater – Felix Katzenfutter
10. Hirsche – Jägermeister

Die 10 schönsten Strände an der deutschen Nordsee

Experte: Wolfgang Breuer, Freier Journalist

1. **Sylt**
   Auf Deutschlands prominentester Insel den schönsten Strand zu benennen fällt nicht leicht. Schließlich hat Sylt rund 40 Kilometer mit feinem Sandstrand und für jeden Geschmack den besonderen Strandabschnitt.

2. Borkum

Mit Hochseeklima kann die westlichste und auch größte ostfriesische Insel werben. Denn Borkum liegt rund 50 Kilometer vom Festland entfernt. Beliebt ist Borkum wegen seiner langen Strände, der wunderbaren Dünenlandschaft mit vielen Wander- und Reitwegen – und natürlich wegen der pollenarmen und jodhaltigen Hochseeluft.

3. Amrum

Mehr Strand geht fast nicht. Bis zu 1,5 Kilometer breit ist der Kniepsand auf Amrum, der sich rund 15 Kilometer lang, von Wittdün bis nach Norddorf, zieht. Die Nordfriesische Insel glänzt aber nicht nur mit einem sehr langen Strand, sondern auch noch mit einer urwüchsigen Dünen-, Heide- und Waldlandschaft, ist aber nur nach längerer Fährfahrt zu erreichen.

4. Spiekeroog

Genau, Spiekeroog ist jene Insel, auf der der verstorbene Bundespräsident Johannes Rau Jahr für Jahr Urlaub machte. Ein autofreies Eiland, auf dem im Sommer noch eine historische Pferdebahn verkehrt – die einzige in Deutschland – und auf dem ein 15 Kilometer langer Strand mit saftigen Salzwiesen konkurriert.

5. St. Peter Ording

Einen Kaffee oder Sundowner in luftiger Höhe genießen – das kann man an der deutschen Nordseeküste nur in St. Peter Ording. Denn insgesamt 15 Häuser auf Pfählen – die höchsten und schönsten davon sind Strandbars – befinden sich an dem zwei Kilometer breiten und zwölf Kilometer langen Strandabschnitt auf der Halbinsel Eiderstedt.

6. Norderney
Preußen-König Friedrich Wilhelm II., wegen seines Lotterlebens auch »Der dicke Lüderjahn« genannt, schätzte bereits diesen Strand – und gründete 1797 auf Norderney das erste deutsche Nordseebad. Seitdem hat die zweitgrößte ostfriesische Insel einen Hang zum noblen Leben und darf sich auch heute noch Staatsbad nennen.

7. Föhr
Zwar schmückt sich die nordfriesische Insel werblich mit der Karibik, mit den Palmen ist es aber naturgemäß nicht so weit her. Die langen weißen Sandstrände freilich, die kann Föhr durchaus bieten – dazu vom Golfstrom begünstigtes Seeklima und Windschutz durch die vorgelagerte Insel Amrum.

8. Juist
Im NDR-Ranking steht Juist sogar auf Platz 1 der schönsten Inseln Norddeutschlands. Und eine Zeitschrift hob die ostfriesische Insel gar auf eine Stufe mit Hawaii. Und die Juister selbst, die nennen ihr Eiland »Dat Töwerland«, das Zauberland – rund 17 Kilometer lang, aber selten über 500 Meter breit.

9. Helgoland
Deutschlands einzige Hochseeinsel ist besser durch die aus dem Meer ragende Rote Anna und den Lum-

menfelsen bekannt als durch ihren Strand. Und genaugenommen liegt der Strand ja auch nicht auf Helgoland, sondern auf der vorgelagerten Sandinsel Düne.

10. Langeoog

Als »Insel fürs Leben« preist sich Langeoog an – und es gibt ein prominentes Beispiel dafür, dass man dieser ostfriesischen Insel für immer verfallen kann: Lale Andersen, die Sängerin der Lili Marleen, starb zwar 1972 in Wien. Sie wurde auf ihren Wunsch auf Langeoog beigesetzt, wo sie ein mit Reet gedecktes Inselhaus besaß.

Die 10 wichtigsten Tipps zur Lagerung von Wein

Experte: Ralf Schindler, Wein- und Genussexperte

1. Lagerort

Gut ist ein Kellerraum, den Sie verdunkeln, belüften und abschließen können. Und optimal wären echte Naturstein- oder Gewölbekeller. Bis dahin finden Ihre paar Flaschen Vorrat aber auch in einer kleinen Nische Platz, ob unterm Bett, im Wandschrank oder unter einer Treppe.

2. Beleuchtung

Wein – egal ob rot, weiß oder sprudelnd – mag auf Dauer weder Tages- noch Kunstlicht. Finden Sie also ein dunkles Plätzchen, an dem Sie Ihre besten Tropfen aufheben. Sollte der Platz zur Lagerung nicht separat zu verdunkeln sein, hilft es auch, eine lichtundurchlässige Decke über Ihre Vorräte zu legen oder die Flaschen gleich in den Kartons zu belassen.

3. Belüftung

Reinheit und Frische sind hier oberstes Gebot. Schließen Sie bei der Platzwahl vor allem aus, dass starke Gerüche in der Nähe der Weinflaschen entstehen können. Tabu sind also Heizungskeller (Temperatur und Ölgeruch), Küchen, klassische Speisekammern mit Lauch, Zwiebeln, Knoblauch oder Reinigungsmitteln. In sich abgeschlossene Räume sollten regelmäßig durchgelüftet werden, um stets für eine Luftzirkulation zu sorgen.

4. Temperatur

Die oft zitierte Lagerung bei konstanten zwölf Grad Celsius ist nicht erforderlich, es genügt ein Platz, der im Jahresverlauf Temperaturen zwischen 15 und 20 Grad Celsius aufweist. Kurzfristige Temperaturschwankungen sind allerdings zu vermeiden – sie stressen den Wein! Von vielen Küchenausstattern gibt es dekorative Regale für die noble Küche. Dumm nur, dass – wie schon erwähnt – die Küche der denkbar schlechteste Platz zur Aufbewahrung von Weinen ist: Zu hell, zu warm, allerlei Küchendüfte setzen den Weinen unweigerlich zu. Dann lieber ins Schlafzimmer, das ohnehin kühl, immer gut gelüftet – und tunlichst geruchsfrei sein sollte.

5. Luftfeuchtigkeit

Eine relative Luftfeuchtigkeit im Bereich von 60 bis 75 Prozent ist förderlich für die optimale Lagerhaltung der Weine. Der Korken wird zwar bei liegender Aufbewahrung stets von innen befeuchtet, hohe Luftfeuchtigkeit von außen verstärkt diesen Zustand aber und hält den Wein so in bester Verfassung, denn der Korken darf nicht austrocknen. Bei Wohnräumen sind 60 Prozent relative Luftfeuchte natürlich die erträgliche Obergrenze. In zu trockenen Räumen füllen Sie flache Behälter mit Wasser und nutzen sie als Verdampfer.

6. Lagerung

Dazu gibt's Weinregale aller Couleur, ob für Einzelflaschen, für ganze Weinsammlungen oder gar ungeöffnete Holzkisten. Suchen Sie bei den diversen Anbietern das passende Möbel aus. Sollten Sie fürs Erste auf ein Weinregal verzichten wollen, heben Sie die Flaschen in Weinkartons auf. Hier sind sie sicher verpackt und können nicht wegrollen. Wichtig für längere Lagerung: Liegend oder kopfüber mit dem Kork nach unten. So bleibt der Kork stets befeuchtet und elastisch und der Wein in der Flasche. Das gilt übrigens auch für Korken aus Kunststoff. Nur für Schraubverschlüsse nicht.

7. Weinschränke

Für Wohnung und Haus gleichermaßen zu empfehlen ist die Anschaffung eines Weinkühl- oder Klimaschranks. Hier lösen Sie alle Probleme mit Temperatur, Luftfeuchtigkeit, Regal etc. auf einen Schlag und haben je nach Modell Platz für 48 bis 180 Flaschen pro Schrank.

Weinklimaschränke sind die Luxusmodelle, sie verfügen über verschiedene Klimazonen, um gleichzeitig Champagner (bei 5–7 Grad Celsius), Weißwein (bei 7–12 Grad Celsius) und Rotwein (bei 13–18 Grad Celsius) optimal zu temperieren. Weinkühlschränke hingegen sind etwas einfacher gebaut und liefern nur eine globale Kühltemperatur. Achtung: Ein handelsüblicher Kühlschrank ist ungeeignet, da er im täglichen Gebrauch zu hohe Temperaturschwankungen aufweist.

8. Sicherheit

Um Ihren Weinvorrat vor ungebetenen Gästen zu schützen, ist eine sicher verschließbare Tür ratsam. Es muss natürlich keine Tresortüre sein – oft reicht es schon, nicht zu zeigen, was man hat –, aber zur Verdunklung und zum Schutz vor Diebstahl sollte man einen Lattenverschlag von innen verkleiden oder gleich ein volles Türblatt montieren. Wer es perfekt will: Einige Anbieter liefern Türelemente, die zusätzlich ein Klimaaggregat enthalten und neben dem Abschluss gleich Temperatur und Luftfeuchtigkeit regeln. Nicht ganz billig, aber edel.

9. Weinkeller

Optimal ist der eigene Weinkeller, der seinen Platz nicht teilen muss mit all den Gegenständen, die sich in allgemeinen Abstellräumen über die Jahre angesammelt haben. Ausschließlich für Wein und nichts anderes. Hier kann man sich getrost niederlassen und langsam seine Sammlung aufbauen. Flasche für Flasche, Kiste für Kiste, Regal für Regal. Sinnvoll strukturiert, übersichtlich gelagert, in einem Kellerbuch archiviert.

10. **Klimatisierung**
Um im größeren Umfang und über längeren Zeitraum auch hochwertigste Weine zu lagern, ist es unumgänglich, die Lagerräumlichkeiten komplett zu klimatisieren. Denn nur wenn Temperatur, Belüftung, Helligkeit und Luftfeuchtigkeit wirklich kontrollierbar sind, ist man auf der absolut sicheren Seite. Wenn Sie also wertvolle Weine Ihr Eigen nennen (wollen), kommen Sie an einer professionellen Ausstattung nicht vorbei. Die kostet zwar einiges, minimiert aber das Risiko, dass Ihre Weine nicht optimal reifen.

Die 10 besten Basketballer aller Zeiten

Experte: RosterPlayer, Journalist

1. **Michael Jordan**
2. **Earvin »Magic« Johnson**
3. **Wilt Chamberlain**
4. **Larry Bird**
5. **Kareem Abdul-Jabbar**
6. **Hakeem Olajuwon**
7. **John Stockton**
8. **Kobe Bryant**
9. **Jason Kidd**
10. **LeBron James**

Die 10 besten Aktivitäten für Singles an Weihnachten

Expertin: Nike Steiner, Musik-, Mode-, Beauty & Wellness-, Lifestyle-Autorin

1. Back to the Roots
Als Single können Sie bei Ihren Eltern wieder zum Kind werden, sich beschenken, bekochen und rundum verwöhnen lassen. Vertraute Rituale lassen Kindheitserinnerungen wachwerden. Und Muttis Braten ist eh der Beste. Und: Kein Streit darüber, ob man Weihnachten bei Ihrer oder der Familie Ihrer Partnerin verbringt.

2. Sich selbst beschenken
Gönnen Sie sich für das geleistete Jahr selbst mal was Schönes. Sie wollten schon immer die Budapester-Schuhe in zitronengelb haben? Den Hummer H1 offroad fahren? An einem Whiskey-Tasting teilnehmen? Wann, wenn nicht jetzt? Erfüllen Sie sich zu Weihnachten den Wunsch, den Sie sich zu Zeiten Ihrer anspruchsvollen Freundin nie zu leisten gewagt hätten. Ganz ohne Gewissensbisse.

3. Weihnachten allein zu Haus
Da Sie getrost davon ausgehen können, dass die meisten Ihrer Kumpels verplant sind, eignet sich dieser Tag hervorragend dafür, einmal innezuhalten und das letzte Jahr im Geiste Revue passieren zu lassen. Was hat Ihnen gefallen, was weniger? Worauf sind Sie stolz, womit sind Sie zufrieden, was könnte besser laufen? Wie lässt sich

das erreichen? Womit am besten anfangen? Kein Telefon der Welt wird Sie von Ihrer inneren Einkehr abhalten. Den Fernseher lassen Sie aus, und lesen können Sie auch morgen wieder. Dieser Tag gehört Ihnen ganz allein. Achtung: Weihnachten allein zu Haus funktioniert nur, wenn Sie sich bewusst dafür entschieden haben. Haben Sie sich damit lediglich schicksalsergeben abgefunden, halten Sie sich lieber an den nächsten Punkt.

4. **Party mit Freunden: der Single-Abend**
Vermutlich sind Sie nicht der einzige Single in Ihrem Freundes- und Bekanntenkreis. Und vermutlich sind einige von denen froh, wenn sie Weihnachten der Familie entkommen können. Was spricht dagegen, den Tag mal ganz untraditionell zu verbringen und ihn zu einem klassischen Single-Abend umzufunktionieren? Ob Sie sich für einen DVD- und Pizza-Marathon entscheiden, ob Sie ein Tischfußballspiel oder Billard mieten, es wird gespielt, gequatscht, getrunken, und das Christkind muss draußenbleiben. Entkommen Sie dem Weihnachtsfest einfach gemeinsam!

5. **Party mit Fremden**
Keine Singles im eigenen Freundeskreis? Bei mehr als fünfzig Prozent Singlehaushalten in den Großstädten können Sie getrost davon ausgehen, dass Sie mit Ihrem Weihnachtsfrust nicht alleine sind. Und von diesen Singles werden nicht alle bei ihren Familien sein, allein bleiben wollen oder andere Pläne gemacht haben. Suchen Sie sich Gleichgesinnte! Schließlich sind die Clubs gerade in den Weihnachtsnächten voller Menschen, die un-

gebunden und ebenso feierwütig wie flirtwillig sind. Sie entgehen der Pärchenhölle, die bei Einladungen zwangsläufig auf Sie wartet, und genießen stattdessen den einen oder anderen prickelnden Flirt – perfekt.

6. Arbeiten
Die Nicht-Singles werden froh sein, wenn Sie den Weihnachtsdienst schieben. Sollte es der Dienstplan hergeben, dann arbeiten Sie! Schließlich muss irgendjemand auch dafür sorgen, dass über die Feiertage alles funktioniert. Weihnachtsfrust kommt bei Arbeitsstress gar nicht erst auf.

7. Weihnachtsmann spielen
Wer sagt denn, dass nur Studenten Weihnachtsmann spielen dürfen? Weihnachtsmannvermittlungsservices suchen gerade für die Nachmittags- und Abendstunden des Vierundzwanzigsten händeringend Personal. Und was gibt es Schöneres, als den Kids die Freude zu machen, dass der Weihnachtsmann persönlich die Geschenke vorbeibringt? Schmeißen Sie sich in Rauschebart, roten Anzug und schwere Stiefel, und es kann losgehen.

8. Aktive Partnersuche
Gerade jetzt sind viele Singles online auf der Suche nach einem Partner. Schließlich ist die Sehnsucht nach trauter Zweisamkeit zum Fest der Liebe besonders groß. Heißt: Die Auswahl war nie größer, die Chance nie höher, sich zu verlieben. Wenn alle anderen mit Plätzchenbacken, Einladungen und Gegeneinladungen beschäftigt sind, ist für Sie die ideale Zeit gekommen, sich ein Profil in einer

Dating-Börse anzulegen. Natürlich können Sie auch erst einmal passiv auf die Suche gehen und schauen, wer sich so alles in den Partnerbörsen tummelt. Sie werden überrascht sein, wie viele attraktive Menschen auch aus Ihrer Gegend auf Partnersuche sind!

9. Der Weihnachtshund

Viele Hundehalter wissen nicht, wo sie Struppi, Bello und Co. über die Feiertage lassen sollen. Das Hin- und Hergereise wäre zu stressig, und betreuen will ihn auch niemand, da jeder Feiertagspläne hat. Stopp! Nicht jeder! Sie haben Zeit. Ein Weihnachtshund ist ein Deal zum Vorteil aller Parteien: Die Hundehalter können ohne schlechtes Gewissen ihre Weihnachtsbesuche machen. Der Hund ist glücklich, weil er nicht allein bleiben muss. Und Sie haben Gesellschaft – und zwar die beste, die man sich vorstellen kann.

10. Weihnachtsflucht

Verreisen Sie! Es ist doch niemand da, der Sie davon abhalten könnte, Weihnachten an einem Strand auf einer tropischen Trauminsel zu verbringen. Und Silvester gleich dazu. Im Netz tummeln sich die Anbieter von Singlereisen, und es liegt bei Ihnen, ob Sie sich dort einer Gruppe anschließen möchten. Allerdings haben Singlereisen ein bisschen was von Single-Disco: Alle sind aus einem bestimmten Grund da, aber keiner will es zugeben. Das kann anstrengend werden. Besser fahren Sie mit einem individuell gebuchten Abenteuer-, Strand- oder Cityurlaub – Hauptsache weit weg von Orten, wo man Weihnachten feiert.

Die 10 tödlichsten Giftpflanzen in Deutschland

Experte: Michael Schweer, Journalist, stellv. Chefredakteur von »Mein schönes Zuhause«, Ex-Chefredakteur von »Selbermachen«

1. Bilsenkraut
Bilsenkraut ist ein Einwanderer aus dem Mittelmeerraum und wächst heute in ganz Europa. Die zweijährige Pflanze wird bis zu 50 Zentimeter groß und gedeiht vorzugsweise an Ackerrändern. Auffällig sind ihre schönen, bräunlich-gelben und becherförmigen Blütenkelche. Die Blütenblätter sind violett geädert. Die Blütezeit von Bilsenkraut liegt zwischen Juni und September. Ab Juli bilden sich die bräunlichen Kapselfrüchte.

2. Bittersüßer Nachtschatten
Seine scharlachroten Fruchtstände sind ausgesprochen attraktiv. Doch genau in diesen Früchten liegt die große Gefahr. Sie bilden sich an dem maximal zwei Meter hohen Halbstrauch aus violetten Blüten, deren Blätter auffallend waagerecht vom Blütenzentrum abstehen. Dort befinden sich goldgelbe Staubblätter.

3. Blauer Eisenhut
Eine wunderschöne, mehrjährige Pflanze, die ihren Namen wegen der tiefblauen Blüten trägt: Ihr oberstes Kronblatt ist helmartig gewölbt. Die Pflanzenstängel werden bis zu 150 Zentimeter hoch und tragen handförmige Blätter, die tief geteilt sind. Der Blaue Eisenhut

gedeiht in Alpengebieten entlang von Bachufern. Er bevorzugt kalkreichen Boden.

4. Schierling
Sowohl der Gefleckte als auch der Wasserschierling gehören zu den giftigsten Arten der Doldengewächse. Der Gefleckte Schierling erreicht Wuchshöhen bis zu zwei Metern. Seine runden hohlen Stängel sind kahl, längs gerippt und im unteren Bereich rot gefleckt. Die Pflanze wächst oft auf Schuttplätzen und Brachen, wobei sie tiefgründigere nahrhafte Lehmböden bevorzugt. Weil er viele Todesfälle beim Nutzvieh forderte, wenn er ins Grünfutter gelangte, wurde der Schierling gezielt eliminiert. Er tritt also relativ selten auf.

5. Gemeiner Goldregen
Diese beliebte, schmuckvolle Gartenpflanze bildet je nach Art entweder Sträucher oder kleine Bäume, die eine Wuchshöhe von fünf bis sieben Metern erreichen. Ihre wie Trauben hängenden, strahlend gelben Blütenstände haben dem Gehölz zu seinem Namen verholfen. Er wird auch Goldrausch oder Gelbstrauch genannt. Ein weiterer Name ist Bohnenbaum, der damit auf die bohnenähnlichen Hülsenfrüchte anspielt, in denen bis August viele dunkelbraune und schwarze Samen heranwachsen.

6. Herbstzeitlose
Ihre Blüte sieht aus wie ein Krokus ohne grüne Blätter, der sich in der Jahreszeit geirrt hat. Denn die Herbstzeitlose blüht, wie der Name schon verrät, im Gegensatz zum Frühlingsblüher Krokus erst im Herbst. Im

darauffolgenden Frühjahr bilden sich Blattgrün und eine längliche, eiförmige braune Kapselfrucht. Die Samen sind klein und schwarzbraun.

7. **Roter Fingerhut**
Diese zweijährige, bis zu knapp zwei Meter hohe Pflanze aus der Familie der Wegerichgewächse ist der Schmuck so manches Waldrands. Auch auf Lichtungen kommt er bisweilen massenhaft vor. Die zahlreichen, von Juni bis August auftretenden Blüten sind glockenförmig, rot bis altrosa und richten sich alle in dieselbe Richtung aus – jeweils auf das Licht zu. Die Blätter dagegen sind spiralig angebracht, wobei das jeweils sechste genau über dem ersten steht.

8. **Tabak**
Die Tabakpflanze verfügt über große Blätter und trägt zwischen Juni und September eine rötliche Rispenblüte. Die Pflanze kann bis zu 2,5 Meter hoch werden und stammt aus Amerika. Der französische Gesandte in Portugal Jean Nicot sorgte für die Einführung des Tabaks in Frankreich als vermeintliche Heilpflanze und so auch eher unfreiwillig auch für die Namensgebung des wichtigsten Inhaltsstoffs – des Nikotins.

9. **Tollkirsche**
Mit der Kirsche ist die Pflanze nicht verwandt. Dass sie dennoch diesen Namen trägt, hängt mit den schwarzen Früchten zusammen, die mit zehn bis 20 Millimetern einen beachtlichen Durchmesser haben. Die Pflanze selbst wird bis zu 1,5 Meter hoch und bildet in der Zeit

von Juni bis August glockenförmige Blüten in den Blattachseln. Die ersten Früchte gibt es schon im Juli. Die Tollkirsche wächst im Bergland an Waldwegrändern. Sie bevorzugt Kalkböden. Sie gehört zur Familie der Nachtschattengewächse.

10. Weißer Germer
Die mehrjährige Pflanze ist auf alpinen Wiesen und Matten zu Hause. Sie wird bis zu 1,5 Meter hoch und blüht nur unauffällig grünlich-weiß. Blütezeit ist Juni bis August. Die Kapselfrüchte entwickeln sich ab September. Der Weiße Germer kann im nicht-blühenden Zustand leicht mit dem Gelben Enzian verwechselt werden.

Die 10 gefährlichsten Städte der Welt

Experte: Harald Weiss, deutscher Journalist in New York

1. Juárez, Mexiko
2. Mogadischu, Somalia
3. Caracas, Venezuela
4. Detroit, USA
5. Grosny, Tschetschenien
6. Rio de Janeiro, Brasilien
7. Bagdad, Irak
8. Bogotá, Kolumbien

9. Karatschi, Pakistan
10. Kapstadt, Südafrika
(Stand: 2010)

Die 10 bekanntesten Rock-Ladys aller Zeiten

Experte: Marc Halupczok, Musikjournalist, Buchautor und Übersetzer

1. **Tina Turner**
2. **Suzi Quatro**
3. **Janis Joplin**
4. **Joan Jett**
5. **Doro Pesch**
6. **»Big Mama« Willie Mae Thornton**
7. **Patti Smith**
8. **Marianne Faithfull**
9. **Melissa Etheridge**
10. **Tamara Danz**

Die 10 besten Mittel gegen Mundgeruch

Expertin: Doreen Brumme, freie Journalistin, Politologin M. A.

1. Selbsttests
Mundgeruch ist lästig. Vor allem für die, die Ihren Mundgeruch riechen. Laut Aussage von Zahnexperten sind es nämlich vor allem die anderen, die das tun. Der Betroffene merkt es demnach meist zuletzt. Hier zwei Selbsttests, mit denen Sie jederzeit zwischendurch testen können, ob Sie Mundgeruch haben: 1. Lecken Sie mit der feuchten Zunge einmal über den Handrücken. Warten Sie ein Weilchen. Schnuppern Sie dann an dieser Stelle und Sie werden merken, ob Sie aus dem Mund wohl oder übel riechen. 2. Falten Sie Ihre Hände wie zum Gebet, halten Sie sie dann vor den Mund und öffnen Sie sie zum Mund hin, so dass ein Hohlraum entsteht. Anschließend hauchen Sie kräftig hinein und atmen Sie mit der Nase die ausgeblasene Luft wieder ein.

2. Arzt aufsuchen
Lässt sich der Mundgeruch weder auf Speis, Trank oder auf eine Lebensangewohnheit wie Rauchen zurückführen, helfen keine Alltagsmittel, hier muss Ursachenforschung betrieben werden. Zahnarzt, Internist und Magen-Darm-Spezialisten sind die Experten für das Problem Mundgeruch. Lassen Sie Schritt für Schritt von ihnen abklären, welche Ursache für den Mundgeruch wahrscheinlich ist.

3. Zahnbürste und Zahnpasta

Das regelmäßige Zähneputzen ist nach wie vor die optimale Maßnahme in Sachen Mundhygiene. Zahnexperten sind sich einig: Mindestens zweimal täglich, morgens nach dem Frühstück und abends vor dem Zubettgehen, sollten Sie Ihre Zähne gründlich reinigen.

4. Zahnseide

Zwischen den Zähnen bleiben häufig Reste von Speisen hängen. Damit können unzählige Bakterien ihr zum Teil strengen Mundgeruch verursachendes Wesen treiben. Deshalb sollten Sie auch zwischen den Zähnen putzen und den Einsatz von Zahnseide fest in Ihre Mundhygiene einplanen.

5. Zahnzwischenraumbürste

Für größere Lücken zwischen den Zähnen eignet sich zum Putzen eine sogenannte Interdentalbürste, auch Zahnzwischenraumbürste genannt. Die gibt es in verschiedenen Größen und Formen, am besten lassen Sie sich von Ihrem Zahnarzt beraten, welche die für Sie passende ist.

6. Munddusche

Eine weitere Möglichkeit, gegen den Schmutz zwischen den Zähnen vorzugehen, bietet eine Munddusche (auch Wasserstrahlgerät genannt). Das ist ein Gerät, das einen feinen, aber kräftigen Wasserstrahl produziert, den Sie zwischen die Zähne führen können, um Speisereste und Zahnbelag (Plaque) zu entfernen. Ein solcher Wasserstrahl macht aber nur sauber, wenn Sie den Belag vorher mit einer Bürste bereits gelöst haben. Deshalb sollten Sie mit der Munddusche am besten nach dem Putzen der Zähne die Zwischenräume nachsäubern.

7. Zungenreiniger

Wussten Sie, dass ein Großteil (die Angaben schwanken zwischen 60 bis 90 Prozent) der für den Mundgeruch verantwortlichen Bakterien im Mundraum auf Ihrer Zunge wohnen? Das ist der Grund, warum Sie die Zunge unbedingt auch putzen sollten. In der indischen Lebens- und Gesundheitslehre Ayurveda ist das Zungeputzen seit Jahrtausenden ein wichtiges alltägliches Ritual am Morgen.

8. Kaugummi

Für unterwegs ist ein als zahnpflegend ausgewiesenes und – wichtig! – möglichst zuckerfreies Kaugummi ideal zum Reinigen der Zähne. Das Kaugummi fördert nämlich durch das ständige Kauen den Speichelfluss und sorgt so dafür, dass Säuren neutralisiert werden, die den Zähnen schaden. Die Säure im Mund, insbesondere Milchsäure, ist das Werk unzähliger Bakterien, die diese aus eingespeichelten Speiseresten, insbesondere Einfachzucker, herstellen. Die Milchsäure löst Mineralien aus dem Zahnschmelz. Das Kauen des Kaugummis wirkt diesem zerstörerischen Prozess entgegen, die Plaquebakterien werden quasi ausgehungert.

9. Bewährte Spülmittel

Ein trockener Mund ist häufig Ursache für Mundgeruch. Deshalb gibt es eine ganze Reihe von Getränken beziehungsweise Spülmitteln, die gegen Mundgeruch wirken sollen. An erster Stelle zu nennen: Wasser. Klar, das ist unser Lebenselixier überhaupt. Wer regelmäßig Wasser, am besten warmes, trinkt, sorgt für gesunde Feuchtigkeit in Mund, Magen und Darm. Doch auch verschiedene Tees sind effektiv gegen Mundgeruch: dazu zählen Pfefferminztee, Salbeitee und Ingwertee. Als Spülmittel oder Gurgelflüssigkeit gegen Mundgeruch eignen sich außerdem – wenn man es mag – Wasser mit Meersalz, Zitrone, Salbei oder Ingwer, Öle (Olivenöl, Schwarzkümmelöl, Sesamöl), Wasser mit Teebaumöl oder Propolistinktur (auch bekannt als Bienenkittharz) sowie schwarzer Tee und Tees mit Kamille, Kümmel oder Minze.

10. Joghurt und Apfel

Wer regelmäßig ein paar Löffel Naturjoghurt pur – also ohne Zucker – isst, sorgt für ein gesundes und geruchsarmes Klima im Mund. Auch ein geriebener Apfel soll diesen Effekt bewirken können, da die Obstsäure die Mundhöhle reinige.

Die 10 unvergesslichsten Orte zum Heiraten in Deutschland

Experte: Michael Schweer, Journalist, stellv. Chefredakteur von »Mein schönes Zuhause«, Ex-Chefredakteur von »Selbermachen«

1. In der Trau-Gondel
Leicht schwankend vollzieht sich die Hochzeitszeremonie in der Trau-Gondel der Burgberg-Seilbahn von Bad Harzburg auf halber Strecke zwischen Tal- und Bergstation – also nach ungefähr eineinhalb Minuten Fahrzeit. Dann hält das festlich geschmückte Gefährt an, und der Standesbeamte an Bord kann zur Tat schreiten.

2. Auf dem Leuchtturm
Genau 108 Stufen muss man klettern, um in den Hafen der Ehe zu kommen. Das ist zumindest in Dahmeshöved an der Ostsee der Fall. Denn das Trauzimmer liegt im fast 40 Meter hohen Leuchtturm über der Steilküste. Immer freitags wartet dort oben der Standesbeamte von Grömitz, um einen Bund fürs Leben offiziell zu besiegeln.

3. Auf der Zugspitze
Die Reise in die Ehe beginnt in Garmisch-Partenkirchen an der Talstation der Zugspitz-Zahnradbahn. Die weißblauen Wägelchen befördern Brautpaar und Gäste hinauf bis zum Zugspitzplatt. »Gipfel des Glücks« nennen die Garmisch-Partenkirchener Hoteliers dieses Angebot – es hat sein Ziel im Trauzimmer des Bergrestaurants »SonnAlpin«. Auf fast 3000 Metern Höhe und gleich

unter dem Gipfel von Deutschlands höchstem Berg gibt man sich das Jawort.

4. Bei den Wikingern

Die Hochzeitsgewänder bestehen aus Wollstoffen und hochwertigem Leinen, der Bräutigam tritt stilsicher mit Wadenwickeln vor den Standesbeamten – so beginnt eine Hochzeit im Wikingermuseum Haithabu vor den Toren des Städtchens Schleswig. Wer seinem großen Tag eine historische Aura verleihen möchte, der ist hier richtig. Die Zeremonie findet in originalgetreuen Nachbauten der einst bedeutenden Wikingersiedlung am Ende des Ostseefjords Schlei statt. Zur Feier wechselt man dann in eine urige Wikingerschenke, in der bis zu 80 Personen auf Rentierfellen zünftig feiern können.

5. Unterm Sternenhimmel

Es ist Mitternacht, die Sterne funkeln, die Milchstraße scheint ganz nah, und ein paar Fackeln erhellen den Weg an den Strand: So kann man auf der nordfriesischen Insel Pellworm den Bund fürs Leben schließen. Und die Nordsee rauscht dazu – wenn nicht gerade Ebbe ist. Mit zum großen Fest gehört die friesische Salz-Zeremonie, die an die Geschichte Pellworms anknüpft. Dem Paar werden dazu ein besonderes, auf der Insel gebackenes Brot, von Hand gesiedetes Salz und der gesiegelte »Pellwormer Hochzeitsbrief« überreicht.

6. In der Höhle

Ein ehemaliges Alaunschieferbergwerk liefert eine faszinierende Kulisse für die Hochzeit: die Saalfelder Feengrotten. Schon im 16. Jahrhundert gewann man dort Alaun, das zum Gerben und zur Papierherstellung verwendet wird, und Vitriol, das unter anderem zum Färben von Stoffen und zur Herstellung von Tinten gebraucht wurde. Diese Grotten, die schließlich in drei Etagen übereinanderlagen, sind voller Tropfsteine und schimmern in Dutzenden von Farben. In dem sogenannten Märchendom wartet der Standesbeamte auf das Paar, das per Kutsche oder – je nach Wunsch – auch in einer 213-PS-starken Stretchlimousine herangefahren wird.

7. Auf dem Schloss

Eine adelige Kulisse für den schönsten Tag des Lebens – das passt. So ist es kein Wunder, dass so manches Schloss Hochzeitern besondere Angebote macht. Man kann also auswählen. Eines der schönsten Gemäuer ist zweifellos das ehrwürdige, schneeweiße Schloss Glücksburg unweit der Flensburger Förde. Das Schloss hat alles, was man für eine glanzvolle Hochzeit braucht: ein Trauzimmer, eine kleine eigene Kapelle mit einem geschnitzten Altar aus der Zeit des Dreißigjährigen Krieges und Zimmer und Säle jeder Größe.

8. In der Windmühle

In der Hochzeitsmühle »Vergissmeinnicht« von Friedrichskoog, nur ein paar Steinwürfe vom Dithmarscher Nordseedeich entfernt, verleihen das massive Gebälk, die Mahlgänge und der runde Raum dem Trauzimmer eine ganz besondere Atmosphäre. Der Raum fürs Jawort war früher der Steinboden, das Herz der Mühle. Hier zerrieben die gewaltigen Mühlsteine die Körner zu Mehl, das dann eine Etage weiter in den Mehlboden rieselte. Man ist also mittendrin in der Mühlenromantik, wenn der Standesbeamte aus Marne die Hochzeiter um das Jawort bittet.

9. Auf dem Schiff

Ob großes Schiff oder kleines – beides ist möglich, um in den Ehehafen zu segeln. Zum Beispiel auf dem Zweimaster »Alexa«, der früher einmal als Fischkutter unterwegs war. Sorgfältig restauriert ist er heute in den Sommermonaten eine »Außentraustelle«, wie das Standesamt Laboe vermerkt. Maximal 25 Personen finden auf dem Deck des schönen Schiffes Platz. Man schnuppert Meeresluft, wenn man sich einander verspricht.

10. Im Zoo

Die deutschen Zoos haben ihr Herz für Hochzeiter entdeckt. Viele dieser Tierparks bieten entsprechende Arrangements an. Einer davon fällt aber besonders aus dem Rahmen: der Erlebniszoo Hannover. Er entführt die Hochzeitsgesellschaft ganz nach Wunsch bis nach Afrika, Indien, in ein altes deutsches Bauerndorf oder in ein Fischerdorf an der kanadischen Küste.

Die 10 besten Surfcamps weltweit

Experte: Andi Spies, Herausgeber des BLUE Surf & Travel Magazins (www.bluemag.eu)

1. Kima Surfari, Bali-Seminyak, Indonesien
2. Surfaris Surf Camp, Byron Bay, Australien
3. enDo surf Boattrip, Malediven
4. Pacific-Dreams-Surfcamp, Lagartero, Panama
5. Wavetours Surfcamp, Malpais/St. Theresa, Costa Rica
6. Luisfer Surfcamp, Punta Hermosa, Peru
7. Hacienda Colorado, Colorado Beach, Nicaragua
8. Cloud Nine Surfcamp, Siargao Island/Mindanao, Philippinen
9. Waveculture Surfcamp, Taghazoute, Marokko
10. Maximum Surfcamp, Peniche, Portugal

Die 10 schönsten Geschenke für vielbeschäftigte Frauen

Expertin: Doreen Brumme, freie Journalistin, Politologin M. A.

1. Make-up mobil
   Um einer vielbeschäftigten Frau eine ganz besondere Freude zu machen, kann man einen mobilen Visagisten für einen Hausbesuch buchen. Vor allem in Großstädten gibt es inzwischen eine ganze Reihe von Kosmetikern und Friseuren, die sich auf Event-Make-ups und Frisuren spezialisiert haben und die neben den klassischen Hochzeitsstylings auch professionelle Business- oder Abend-Make-ups anbieten.

2. Fruchtbarkeitsmassage
   Frauen, die in Beruf und gegebenenfalls Familie Tag für Tag unter Strom stehen, reagieren auch körperlich auf den Dauerstress. Der Hormonspiegel gerät ins Ungleichgewicht und kann den weiblichen Zyklus durcheinanderbringen. Eine Fruchtbarkeitsmassage hilft, das Zusammenspiel der weiblichen Organe wieder in Einklang zu bringen, und unterstützt so nicht nur Frauen mit unerfülltem Kinderwunsch.

3. Maniküre und Pediküre
   Eine regelmäßige Hand- und Fußpflege, ausgeführt von einer ausgebildeten Kosmetikerin oder Fußpflegerin, die zum Beispiel auch eine Massage (Reflexzonenmassage) umfasst, verschafft einer Frau nicht nur schöne, sondern

auch gesunde Hände und Füße, die sie gerne in der Öffentlichkeit zeigt.

4. Personal Shopping Guide
Ein professioneller Personal Shopper hilft einer Frau, aktuell Angesagtes von Ladenhütern zu unterscheiden und im undurchschaubaren Dschungel namens Modewelt genau das eine Kleidungsstück zu finden, das ihren Typ mit all ihren körperlichen Vor- und Nachteilen optimal in Szene setzt.

5. Personal-Trainer-Stunden
Ein Personal Trainer stellt je nach individueller Verfassung persönliche Trainingsziele und einen darauf abgestimmten Trainingsplan auf. Über einen gewissen Zeitraum begleitet der Personal Trainer seine Schützlinge und bringt ihnen während der Trainingsstunden die wichtigsten Übungen bei, die sie fit machen.

6. Koch mobil
Zwischen Job, organisierter Freizeit, Haushalt und Familie bleibt nicht immer Zeit für genussvolles Essen, geschweige denn seine teils aufwendige Zubereitung. Koch mobil – das Konzept verspricht professionelles Handwerk in der eigenen Küche. Ausgebildete und erfahrene Köche bereiten eine Wunschmahlzeit oder ein Überraschungsmenü zu, egal ob für ein Dinner zu zweit bei Kerzenschein oder eine größere Runde von Verwandten, Kollegen oder Freunden.

7. Schuh-Shoppingtour

Statistiken zufolge belohnt sich Frau hierzulande gerne mal mit einem Paar Schuhe – frei nach dem Motto: Positiver Stress lässt sich negativem entgegensetzen. Schenken Sie also einer Frau genau das, was sie als Trost in schlechten Zeiten braucht: Geld zum Schuhkauf.

8. Professionelle Putzhilfe

Dreimal so viele Frauen wie Männer putzen in deutschen Haushalten. Wer (s)einer Frau also etwas Gutes schenken will, nämlich putzfreie Zeit, über die sie nach ihrem Gutdünken verfügen kann, der bestellt eine professionelle Putzhilfe ins Haus. Auf der Suche nach einer geeigneten Putzfrau oder einem Putzmann fragen Sie am besten in Ihrem Bekannten- oder Kollegenkreis nach Fachkräften, die sich dort bewährt haben.

9. Akupunktur mobil

Bei bestimmten Beschwerden wie Arthrose, Rückenschmerzen oder Migräne wirken Akupunkturnadeln nachweislich. Sie werden entlang der sogenannten Meridiane in die Haut gestochen. Die Nadeln lösen energetische Blockaden und Staus und bringen die sogenannte Lebensenergie mit den gegenpoligen Kräften Yin und Yang in ein perfektes Gleichgewicht. Eine Akupunkturbehandlung dauert in der Regel nur zwischen 15 und 20 Minuten und wird von einigen Therapeuten auch als mobiler Service angeboten. Ein perfektes Geschenk für gestresste Frauen.

10. Das All-inclusive-Geschenk
Wer die zuvor aufgelisteten Punkte 1 bis 9 zu einem Alles-inclusive-Geschenk verpackt, verschafft einer vielbeschäftigten Frau für einen kurzen Moment den Himmel auf Erden.

Die 10 wirksamsten Hausmittel gegen Zahnschmerzen

Expertin: Heike Polcher, Freiberuflerin, gesundheits-, kosmetik- sowie auch sportinteressiert

1. Kräuterdämpfe
Akute Schmerzen können durch eine Behandlung mit Dämpfen gelindert werden. Getrocknete Wacholderzweigspitzen, Huflattichblätter sowie Wacholderbeeren werden zu gleichen Teilen gemischt und dann in einem feuerfesten Topf angezündet. Der entstehende Rauch sollte in den Mund – nicht in die Lunge! – aufgenommen werden. Durch die Dämpfe, die bei der Verbrennung der Kräuter entstehen, kann der Zahnschmerz gelindert werden.

2. Teemischung
Der Tee wird aus zwei Teilen Pfefferminze, je vier Teilen Melisse und Johanniskraut zubereitet. Dazu kommen noch ein Teil Quendel sowie fünf Teile Baldrian. Aus der Teemischung wird jeweils ein Teelöffel mit kochendem Wasser überbrüht. Der Tee muss 15 Minuten ziehen, da-

nach abgeseiht werden. Bei bestehenden Zahnschmerzen können ein bis zwei Tassen der Teemischung getrunken werden und so Schmerzlinderung bringen.

3. Gewürznelken oder Gemüse

Schmerzlindernd wirkt zum Beispiel der Biss auf eine Gewürznelke. Allerdings sollte das nicht direkt mit dem schmerzenden Zahn geschehen, sondern nur dicht an der Stelle, die schmerzt. Wird mit der Gewürznelke der Nerv getroffen, verschlimmern sich die Schmerzen erheblich. Auch Gemüse kann gegen Zahnschmerzen hilfreich sein. Dazu wird ein frisches Wirsingblatt von der Mittelrippe getrennt und mit dem Nudelholz gewalkt. Danach legt man es auf ein sauberes und trockenes Leinentuch und dann auf die Wange, hinter der sich der schmerzende Zahn befindet.

4. Alkohol

Zahnschmerzen haben ihren Ursprung in der Regel darin, dass sich im Zahn wegen eingelagerter Bakterien eine Entzündung gebildet hat. Deshalb kann Alkohol hier die vorübergehende Lösung gegen die Schmerzen sein. Der Alkohol sollte allerdings nicht getrunken werden. Eine Mundspülung, z. B. mit Cognac, reicht aus, damit der Zahn desinfiziert und die Bakterien zerstört werden, die für die Entzündung sorgen. Für Kinder ist dieser Tipp natürlich nicht geeignet!

5. Salz

Mit Salz und Wasser wird eine sehr starke Salzlösung zubereitet. Dafür braucht es allerdings warmes Wasser.

Zum einen weil sich hier das Salz besser löst, zum anderen wird so der Zahn nicht unnötig gereizt. Ist die Salzlösung so stark, dass kein Salz mehr aufgenommen wird, wird die Lösung für etwa zwei Minuten in den Mund genommen und dort belassen. Anschließend sollte die Lösung ausgespuckt werden. Das Konsumieren einer so großen Salzkonzentration ist nicht gesund, und deshalb auch nicht für Kinder zu empfehlen.

6. Akupressur

Ein Akupressurpunkt gegen heftigen Zahnschmerz befindet sich rechts außen neben dem Nagel des Zeigefingers. Dieser muss nun mit dem Fingernagel des Daumens kräftigt gedrückt werden. Auch wenn das erst Schmerzen am Druckpunkt verursacht, können die Zahnschmerzen so verringert werden. Auch hinter dem äußeren Knöchel liegen Akupressurpunkte gegen Zahnschmerzen, die mit den Fingerkuppen von Daumen und Zeigefinger stimuliert werden können.

7. Teebaumöl/Nelkenöl/Salbeitee

Sowohl dem Teebaum- als auch dem Nelkenöl werden lindernde Eigenschaften zugesprochen, wenn Zahnschmerz auftritt. Das Teebaumöl sollte verdünnt werden, bevor der Mund mit dieser Flüssigkeit gründlich gespült wird. Nelkenöl ist sehr hilfreich, wenn es direkt auf die schmerzende Stelle im Mund gegeben wird. Auch Mundspülungen mit Salbeitee können sehr hilfreich sein. Vorteilhaft beim Salbeitee ist zudem, dass im Tee Substanzen enthalten sind, die die Entzündung im Zahn reduzieren.

8. Kamille

Kamille wirkt entzündungshemmend und kann bei der Akutbehandlung von Zahnschmerzen sehr sinnvoll sein. Zur Behandlung braucht es möglichst viel frische Kamille, deren Blüten in kleine Päckchen aus Verbandmull verpackt werden. Dieses wird jetzt nach Wunsch kalt oder warm angefeuchtet und auf die schmerzende Stelle im Mund gelegt.

9. Zwiebel

Die Zwiebel beinhaltet viele ätherische Öle, die auch den Zahnschmerz bis zur Behandlung beim Zahnarzt erträglich machen können. Die Zwiebel wird dazu gewürfelt, damit viele Zellen in ihr zerstört werden und so das Öl in möglichst großer Menge austreten kann. Die Zwiebelwürfel werden auf ein sauberes Taschentuch oder ein sauberes Mulltuch gegeben und eingeschlagen. Das fertige Zwiebelpäckchen wird auf die Wange gelegt, hinter der der Zahn schmerzt.

10. Schulkreide

Nach einen alten Hausrezept soll bei Zahnschmerz ganz normale (weiße!) Schulkreide hilfreich sein. Die Kreide wird dafür sehr fein gerieben und in das Nasenloch eingezogen, auf dessen Seite sich der schmerzende Zahn befindet. Bitte auf keinen Fall bunte Kreide verwenden, denn die enthaltenen Farbstoffe können giftig sein.

Die 10 kultigsten Promi-Gräber

Experte: Christoph Baumeister, Lifestyle-Journalist

1. **Elvis Presley**
   Der »King of Rock'n' Roll« liegt in »Graceland«, gleich neben seinem Wohnhaus direkt am Pool. Auf dem 55 Hektar großen Grundstück in Memphis (Tennessee/USA) fand der Ausnahmemusiker zwei Tage nach seinem Tod seine letzte Ruhe.

2. **Jim Morrison**
   Sehr zum Leidwesen der Verwaltung des Pariser Friedhofs Père Lachaise ist das Grab von Jim Morrison eine Touristenattraktion höchsten Grades geworden. Die Verehrung des ehemaligen Leadsängers der »Doors« durch seine Fans nimmt zum Teil bizarre Formen an. Um das zunächst nicht markierte Grab zu finden, übersäten sie die umliegenden Grabstätten mit Graffiti. Grabverzierungen wurden gestohlen, und Fans versuchten, das Grab zu öffnen.

3. **Che Guevara**
   1967 wurde Che Guevara in Bolivien erschossen und seine Leiche in der Nähe eines kleinen Flugfeldes verscharrt. Erst 1997 brachten Sympathisanten seine Überreste nach Kuba. Dort fand »El Che« in einem eigens ihm zu Ehren geschaffenen Mausoleum und Nationaldenkmal in Santa Clara seine letzte Ruhe. Das Grab ist seitdem eine große Touristenattraktion und zentrales Denkmal für Sozialisten weltweit.

4. Lady Diana Spencer

Als die »Königin der Herzen« am 31. August 1997 bei einem Autounfall starb, ging ein Schock durch die Welt. Ihr Begräbnis wurde zum Medienspektakel: Das Abschiedskonzert für Lady Diana im Wembley-Stadion hatte mehr als 60 000 Besucher. Das Grab von Lady Diana liegt auf einer kleinen Insel inmitten eines Schwanensees der Familie Spencer in Althorp.

5. John Lennon

Vom legendären Musiker John Lennon existiert kein Grab: Der überzeugte Friedensaktivist wurde nach seiner Ermordung am 8. Dezember 1980 eingeäschert und seine Asche an seine Frau Yoko Ono übergeben. Anziehungspunkt für die Fans ist das Strawberry Fields Memorial, eine ihm gewidmete Gedenkstätte im New Yorker Central Park. Besonders auffällig ist das »Imagine«-Mosaik, das von Yoko Ono persönlich angelegt wurde.

6. Evita Perón

Drei Jahre nach ihrem Tod, am 26. Juli 1952, wurde ihr Leichnam entführt und ins Ausland verschleppt. Putschisten fürchteten, ihr Geist könnte in der Bevölkerung für Aufstände sorgen. Erst beinahe zwanzig Jahre später fand sie ihren Weg zurück nach Argentinien. 1974 wurde sie in der Familiengruft in Recoleta, der Friedhofsstadt in Buenos Aires, beigesetzt. Noch heute legen täglich Besucher Blumen und kleine Bilder an der Krypta aus schwarzem Marmor nieder.

7. Falco

Während seiner Karriere machte Hans Hölzel, international unter dem Künstlernamen »Falco« bekannt, durch sein exzentrisches Auftreten auf sich aufmerksam. Ganz in diesem Sinne ist das Grab des am 6. Februar 1998 tödlich verunglückten Musikers gehalten. An der von der Stadt gestifteten Grabstätte am Wiener Zentralfriedhof fällt besonders der rote Obelisk auf, der alles in seinem Umfeld weit überragt. Eine mannshohe Glasplatte zeigt den österreichischen Popstar mit einem weit ausfallenden Mantel. Vor dem Grab legen Fans regelmäßig Blumen oder Teddybären in einer gläsernen Vitrine ab.

8. Edgar Allan Poe

Edgar Allan Poes Leben, Werk und Tod waren begleitet von Romantik, Tragik und Mysterium. Unter nicht näher geklärten Umständen starb der Autor am 7. Oktober 1849. 100 Jahre nach dem Tod des Dichters begann eine sonderbare Tradition: Jedes Jahr am 19. Januar, dem Geburtstag Poes, erscheint eine verhüllte Gestalt in schwarzem Mantel und schwarzem Hut, bringt stumm einen Toast auf den Verstorbenen aus und legt drei rote Rosen und eine Flasche Cognac an dessen Grab nieder. Bis heute ist unklar, wer dieser »Poe Toaster« ist und was es mit der Tradition auf sich hat. Dieses Rätsel fügt sich perfekt in den Kultstatus des unglücklichen Romantikers ein.

9. Bruce Lee

Bruce Lee, einer der größten Kampfsportler des 20. Jahrhunderts, starb am 20. Juli 1973 im Alter von nur 32 Jahren an einer Gehirnblutung. Als Ursache gilt eine unglückliche Kombination von Medikamenten, die Lee nach einem Schwächeanfall auf seinem letzten Filmset erhalten hatte. Fans vermuteten hinter seinem Tod eine Verschwörung. Diese Theorie flammte erneut auf, als sein Sohn Brandon Lee am 31. März 1993 während Dreharbeiten an den Folgen einer Schussverletzung verstarb. Vater und Sohn liegen nebeneinander auf dem Lake View Cemetery in Seattly (USA) begraben. Die Ruhestätte ist ein Geheimtipp für Seattle-Touristen.

10. Rudolph Moshammer

Nicht nur in seiner Heimatstadt genoss der Modeschöpfer Kultstatus: Rudolph Moshammer steht für Extravaganz mit Herz. Seine Frisur war der König Ludwigs II. nachempfunden, und nie war er ohne seinen Yorkshireterrier Daisy zu sehen. Am 14. Februar 2005 wurde Moshammer von einem Mann, den er auf dem Schwulenstrich aufgegriffen hatte, mit einem Kabel erdrosselt. Moshammer liegt auf dem Münchner Ostfriedhof im ausfallenden Familienmausoleum begraben. Geschaffen hatte er dieses zu Ehren seiner Mutter, zu der er stets ein inniges Verhältnis hatte.

Die 10 besten Quellen für GEMA-freie Musik

Expertin: Anna Miller, Autorin, freie Texterin und Ghostwriterin

1. **www.jamendo.com**
   Jamendo zählt zu den großen Anbietern für GEMA-freie Musik. Hier finden sich mehr als 285 000 Musikstücke aller Genres.

2. **www.opsound.org**
   Opsound ist ein Anbieter, der komplett kostenlos ist. Das New Yorker Unternehmen setzt auf elektronische Musik und Künstler. Die teilweise sehr experimentelle Musik ist perfekt produziert und hält viele neue sowie beeindruckende Klangerlebnisse bereit.

3. **www.soundtaxi.net**
   Der Anbieter Soundtaxi hält sowohl GEMA-freie als auch GEMA-pflichtige Musik bereit. Dabei können die entsprechenden Songs aus 30 Kategorien ausgewählt werden. Jedes Musikstück hat eine genaue Kennzeichnung, ob und, wenn ja, wo es registriert werden muss.

4. **gemafreie-welten.de**
   Hier findet man nicht die klassischen Künstler aufgereiht nach Genres oder Titel und Album, sondern man kann bereits auf der Hauptseite seine Wünsche bezüglich Stimmung, Rhythmus und Klang angeben. Weiterhin kann zwischen Instrumental oder Gesang gewählt werden.

Nach dieser Auswahl werden alle passenden Tracks angezeigt, in die selbstverständlich kostenlos hineingehört werden kann. Hat man eine Auswahl getroffen, ist eine Bezahlung per PayPal möglich. Der Preis der einzelnen Songs richtet sich nach dem Verwendungszweck und ist gestaffelt.

5. **www.bargus.org**
Die Auswahl an Tracks ist hier wirklich sehr überschaubar. Sie punkten jedoch mit höchster Qualität und einer kostenlosen Nutzung. Bargus Music Library ist ein Anbieter für klassische Musik, die von Simon Bowman komponiert und unter seiner Leitung eingespielt wurde. Die Tracks eignen sich für Filme oder Theateraufführungen. Um sie kostenlos nutzen zu können, ist nur die Nennung des Künstlers notwendig.

6. **www.audiojungle.net**
Über 24 000 Tracks warten hier auf ihren Einsatz. Dabei handelt Audiojungle nicht nur mit gewöhnlichen Musiktracks, sondern hat auch Soundlogos und Geräusche im Angebot. Mit Hilfe eines einfachen Rubrikensystems ist das Auffinden des gewünschten Tracks kinderleicht. Die Preise für die qualitativ sehr hochwertigen Stücke des amerikanischen Unternehmens starten bei einem Dollar.

7. **www.gemafreie-musik-online.de**
Bei Gemafreie Musik Online wartet auf den interessierten Kunden eine sehr gut strukturierte und übersichtliche Website, die über ein gutes Angebot unterschiedlichster Musikrichtungen verfügt. Neben der GEMA-freien

Musik besteht zusätzlich die Möglichkeit, Telefonansagen und Warteschleifenmusik für Firmen individuell anfertigen zu lassen.

8. www.klangarchiv.com

Das Klangarchiv ist Online-Archiv und kreative Werkstatt für hochwertig produzierte GEMA-freie Musik in einem. Das Angebot reicht von Rock und Pop bis hin zu angenehmer Entspannungsmusik. Besonders gewerbliche Anwender werden hier auf ihre Kosten kommen. Viele der eigens produzierten Songs kamen bereits in Film- und Fernsehproduktionen erfolgreich zum Einsatz.

9. www.dogmazic.net

Der französische Anbieter Dogmazic bietet zwar keine deutsche Fassung der Website an, die weit über 40 000 Titel sollten dafür allerdings entschädigen. Die Seite wird in vier Sprachen (Französisch, Englisch, Spanisch und Italienisch) geführt. Die angebotenen Songs sind in 166 Rubriken untergebracht und stehen kostenlos zum Download bereit.

10. www.bigtrax.de

Bigtrax bietet hochwertig produzierte GEMA-freie Musik zum sofortigen Download an. Im Musikarchiv finden sich Songs und Loops, die im Vorfeld in voller Länge abgespielt werden können. Die Website ist gut strukturiert, und das Angebot an Songs sehr umfangreich.

Die 10 bedeutendsten Künstler der Gegenwart

Expertin: Bettina Weigelt, Künstlerin

1. Georg Baselitz, Deutschland
Georg Baselitz, seit Jahrzehnten ein bedeutender Künstler in Deutschland, ist jetzt der bedeutendste der Welt. Als Maler und Bildhauer provoziert er mit teils obszönen Werken. Seine »kopfstehenden« Bilder reisten um den Globus.

2. Gerhard Richter, Deutschland
Gerhard Richter ist der Meister aller Klassen. Berühmt sind seine fotorealistischen Gemälde, faszinierend seine Graphiken, Skulpturen und abstrakten Werke. Richter ist schon lange ganz oben angekommen.

3. Bruce Naumann, USA
Wer kennt sie nicht, Naumanns Schriftzüge und Installationen aus Neonröhren und seine bunten Wachsköpfe? Die im Raum schwebenden »tierischen« Skulpturen scheinen einer Märchenwelt entsprungen zu sein.

4. Sigmar Polke, Deutschland
Der Maler und Fotograf Sigmar Polke ist berühmt für seinen ironischen Umgang mit der Konsumwelt. Seine Werke, die unter den postmodernen Realismus fallen, haben oft experimentellen Charakter und sind immer voller Spannung und Kritik.

5. Maurizio Cattelan, Italien

Die Realität ist Cattelan nicht wirklich genug. Er positioniert seine lebensechten Replikate von Mensch und Tier in absurd komischen Kompositionen, um der Realität noch eins obendrauf zu setzen – oft mit viel schwarzem Humor. Seine Wachsfiguren oder die ausgestopften Tierskulpturen sind unvergesslich.

6. Olafur Eliasson, Dänemark

Olafur Eliasson ist Erfinder, Konstrukteur und Physiker. Aus Licht, Spiegeln und Wasser schafft er Orte, die verzaubern und den Besucher auf »Seelenurlaub« schicken. Eliasson lässt die Sonne aufgehen, gestaltet Bühnenbilder für die Oper oder erschafft Regenbögen.

7. Anselm Kiefer, Deutschland

Anselm Kiefer ist ein Erforscher der deutschen Nachkriegsidentität. Seine Inspiration findet er in den Werken der großen Geister der Literatur – von der Kabbala bis zu den Mythen des alten Ägypten.

8. Richard Serra, USA

Seine gegenstandslosen monumentalen Skulpturen aus Stahl, Blei oder Gummi beindrucken durch ihre Größe und die Gewalt des Materials. Plötzlich fühlt sich der Betrachter ganz klein. Richard Serras Skulpturen sind frei von kritischen Wertungen aller Art. Der Museumsbesucher soll seine Werke »erfahren« können.

9. **Mike Kelley, USA**
Der 1954 in Detroit geborene Installationskünstler Mike Kelley war in den siebziger und achtziger Jahren Mitglied mehrerer Punkbands. Er studierte in Kalifornien Kunst und arbeitet derzeit in Los Angeles.

10. **William Kentridge, Südafrika**
William Kentridge wuchs in einem Umfeld auf, das ihn und seine Arbeit sehr prägte. Er wurde 1955 in Südafrika als Sohn einer reichen, weißen Familie geboren, deren Angehörige als Rechtsanwälte schwarze Mitbürger in den Apartheidsprozessen vertraten. Kentridge studierte zuerst Politik und Afrikanistik, ab 1976 Kunst in Johannesburg und Paris. Seine künstlerische Tätigkeit erstreckt sich über Schauspiel, Regie und Bühnenbild bis hin zu Malerei und Film.

Die 10 größten Goldförderstaaten der Welt (gemessen an den Goldreserven und nicht an der Fördermenge)

Experte: Florian Flicke, Finanz- und Wirtschaftsjournalist

1. **Australien (7300 Tonnen Goldreserven)**
2. **Südafrika (6000 Tonnen Goldreserven)**
3. **Russland (5000 Tonnen Goldreserven)**
4. **Chile (3400 Tonnen Goldreserven)**

5. Indonesien (3000 Tonnen Goldreserven)
6. USA (3000 Tonnen Goldreserven)
7. Brasilien (2400 Tonnen Goldreserven)
8. China (1900 Tonnen Goldreserven)
9. Usbekistan (1700 Tonnen Goldreserven)
10. Ghana (1400 Tonnen Goldreserven)

Die 10 hartnäckigsten Mythen der Sexualität

Expertin: Dr. Beatrice Wagner, Paar- und Sexualtherapeutin aus München, Buchautorin

1. **Jede Berührung ist sexuell**
Während Frauen offenbar eine große Kompetenz darin haben, Berührungen zu inszenieren und zu zelebrieren, setzen Männer diese eher dazu ein, um schlussendlich zum »richtigen« Sex zu kommen, der für sie mit dem Koitus beginnt. Das aber kann zu Problemen führen. Ein Problem, das Frauen beispielsweise mit zu zielgerichteten Berührungen haben: Sie vermeiden das Schmusen, die Wärme, das Streicheln, wenn sie schon wissen, dass das sowieso wieder in Sexualität mündet, wonach ihnen aber momentan vielleicht gar nicht ist. Also verzichten sie auf ihr Bedürfnis nach Berührung. Männer haben dieses Bedürfnis übrigens ebenso. Auch sie sehnen sich nach Geborgenheit.

2. Frauen brauchen Liebe zum Sex

Bevor Oswalt Kolle mit seiner sexuellen Aufklärung begann, waren Frauen ganz auf die männliche Sexualität fixiert, etwa darauf, dass sie sexuelle Lust nur mit ihrer ganz großen Liebe empfinden können. Laut Oswalt Kolle hatten die Männer ihnen das eingeredet. Wenn Frauen dann merkten, dass sie auch Lust beim Gedanken an einen Mann verspürten, den sie gar nicht liebten, waren sie irritiert und verunsichert. Auch Männern fällt es manchmal immer noch schwer zu akzeptieren, dass Frauen auch einfach nur mal ihren Spaß im Bett haben möchten. Aus Angst, die Frau könnte sich dann doch verlieben und »klammern«, ziehen sie sich oft schon gleich abrupt nach der ersten Nacht zurück. Das ist aber unnötig brüskierend. Kolles Ziel lautete: »Wir müssen die Erotik der Frauen sexualisieren, und die Sexualität der Männer erotisieren.« Und zumindest auf Seiten der Frauen ist ihm das gut gelungen.

3. Beim Sex zeigt ein wirklicher Mann, was er kann

Das »erste Mal« mit einem neuen Partner findet oft erst beim zweiten Mal statt. Denn viele Männer verspüren beim ersten Mal einen großen Leistungsdruck. Steht »er« dann, wenn man ihn braucht? Hält »er« durch, bis auch sie ihren Orgasmus hat? Hoffentlich kommt »er« nicht zu früh! Das sind einige der Gedanken, die einem Mann dann durch den Kopf gehen. Und immer, wenn man unter Leistungsdruck steht, verursacht das Stressreaktionen – und die Erektion lässt auf sich warten. Aber: Länge und Härte des Penis und die Anzahl der Orgasmen sind für Frauen nicht so wichtig, wie Männer immer denken. Vielmehr wissen Frauen, dass aus einer liebevollen entspannten Atmosphäre eine schöne Sexualität erwachsen kann, bei der auch sie auf ihre Kosten kommen. Frauen wollen keinen Leistungssport im Bett.

4. Nur Frauen können einen Orgasmus vortäuschen

Wer denkt beim Thema »Vortäuschen eines Orgasmus« nicht an den Film »Harry und Sally«, in dem die bieder aussehende Meg Ryan ihrer Bekanntschaft, gespielt von Billy Crystal, im Restaurant aus dem Stegreif einen Orgasmus vorspielt. Wie gut Frauen einen Orgasmus vortäuschen können, kann nach dieser Szene wohl nicht mehr bestritten werden. Aber Männer? Geht das überhaupt? Zunächst einmal die Frage, ob Männer es tun. Ja! Das zeigte eine Studie aus dem Jahr 2010 der Universität von Kansas (USA), die im »Journal of Sex Research« veröffentlicht wurde. Es nahmen 180 Studenten und 101 Studentinnen teil. Der Großteil von ihnen war erfahren im Geschlechtsverkehr. Und von denen wiederum hatten schon 28 Prozent der Männer und 67 Prozent der Frauen mindestens einmal einen Orgasmus vorgetäuscht. Und warum auch sollte Männern das nicht gelingen? Ein Orgasmus ist ja nicht immer mit Unmengen von Ejakulat verbunden. Und da der Penis auch nicht immer nach dem Orgasmus sofort in sich zusammenfällt, muss ein »Orgasmusspiel« einer Frau nicht unbedingt auffallen.

5. Zum richtigen Sex gehört das Eindringen

»Ich habe meinen Partner nicht betrogen, ich hatte keinen richtigen Sex mit meinem Liebhaber, er ist ja nicht in mich eingedrungen.« So etwas hört man öfter. Küssen, Streicheln und Berühren läuft unter dem Begriff »Vorspiel«. Und Sex ist dann das andere, das mit dem Eindringen beginnt und als krönender Abschluss mit einem Orgasmus gesegnet wird. Kein Wunder, dass Sexualität, die anders praktiziert wird, manchmal als nicht richtig empfunden wird. Aber es spricht viel dagegen, das als einzige Form der Sexualität zu begreifen. Und natürlich ist es auch möglich, nach einer Vereinigung wieder eine Zwischenepisode einzulegen, bei der Penis und Vagina zunächst getrennte Wege gehen, bis es zu einer erneuten Vereinigung kommt. Warum einen Sexualakt nur als einen Einakter begreifen, warum nicht als lustvollen Mehrakter mit verschiedenen Höhen und Tiefen? Auf diese Weise jedenfalls wird die Sexualität bereichert und Mann und Frau vor Leistungsdruck bewahrt. Und da viele Frauen durch den steifen Penis nicht immer zum Orgasmus kommen – teils aus anatomischen Gründen –, werden ihnen durch die neue Zelebration neue lustvolle Gefühle beschert.

6. Guter Sex ist spontan

Guter Sex ist spontan, geplanter Sex ist nicht das Wahre. Da muss man unweigerlich an die vielen heimlichen Affären denken: Die Beteiligten müssen sich immer mal da und mal dort eine gemeinsame Stunde zusammenstehlen, was mitunter einen ziemlichen Planungsaufwand bedeutet. Doch in einer Beziehung, wenn man womöglich auch noch zusammenlebt, soll geplanter Sex schlecht sein? Hier soll sozusagen durch Einklang und Harmonie der Körper gleichzeitig und spontan die Lust erwachen und befriedigt werden. Aber warum? Es gibt viele gute Gründe dafür, die Schäferstündchen zu planen: Wenn Kinder da sind. Wenn das Haus voll ist. Wenn beide einen vollen Terminkalender haben. Wenn man die Sexualität nicht immer nur abends zwischen halbtot und Schlaf als letzten Termin des Tages praktizieren möchte. Wenn man die Vorfreude genießen und auskosten möchte.

7. Wie Sex geht, weiß man doch

Sex ist uns triebhaft angelegt. Darüber, wie er funktioniert, muss man ja wohl nicht groß nachdenken, sondern es einfach tun. Das ist das Verlangen nach sexueller Befriedigung, die animalische Geilheit. Sie führt zu einem Bedürfnis nach Sex mit jedem nur halbwegs geeigneten Partner. Daneben gibt es aber noch das Verliebtsein, das im Idealfall in romantischer Liebe mündet. Das ist ein überdrehter Zustand, bei dem die Vereinigung mit dem geliebten Partner wieder und wieder angestrebt wird. Auch hier kann man wenig falsch machen. Schließlich aber gibt es laut der Anthropologin Helen Fisher auch noch die Sexualität als Ausdruck der Bindung, die sich in langjährigen Beziehungen einstellt. Allerdings ist hier die sexuelle Triebhaftigkeit und die romantische Wollust mittlerweile auf der Strecke geblieben – ein ganz normaler hormoneller Vorgang. Damit wird es natürlich schwieriger, immer wieder Lust auf denselben Partner zu verspüren, sich immer wieder etwas Neues einfallen zu lassen. Trotzdem sollte und darf hier das Verlangen nicht auf der Strecke bleiben. Ein Tipp: Im Gespräch mit dem anderen neue Wünsche aufdecken, weiterentwickeln, auch und gerade wenn sie in den bisherigen Bereich der Tabus hineinreichen. So entwickelt man gemeinsam seine spannende individuelle Form der Sexualität.

8. Man muss gleichzeitig kommen

Gemeinsam vereint im höchsten Rausch der Gefühle – das klingt gut. Allerdings verhält es sich in der Realität ein bisschen anders. Der Orgasmus ist nämlich eine ich-bezogene Sache. Man wird durchflutet von Empfindungen und hat eigentlich kaum die Möglichkeit, sich dabei auf den anderen zu konzentrieren. Insofern ist der gemeinsame Orgasmus tatsächlich keine gemeinsame Aktion, sondern nur eine zufällig zum gleichen Zeitpunkt stattfindende Entladung. Hinzu kommt: Die Erregungskurven von Menschen sind sehr unterschiedlich. Meistens sieht es so aus, dass Männer eine steilere Erregungskurve haben und Frauen eine flachere, die auch längere Zeit auf einer Plateauphase verweilt. Allerdings gibt es auch Paare, bei denen die Frau schnell auf »180« ist, während der Mann sich noch ein bisschen Zeit lässt. Auch von diesem Aspekt her ist der gemeinsame Orgasmus eher zufällig. Wann sollten die Orgasmen denn nun in einer guten erfüllenden Sexualbeziehung kommen? Zunächst einmal muss man wissen, ob Männer und Frauen einmal oder mehrmals zum Orgasmus kommen können. Es gibt beide Versionen, wobei die eine nicht schlechter ist als die andere. Beim einmaligen Höhepunkt beiderseits scheint es besser zu sein, wenn die Frau zuerst kommen darf, weil erfahrungsgemäß die Erregung eines Mannes nach einem Orgasmus schnell nachlässt. Kommen beide mehrmals, besteht die Chance einer Inszenierung. Schön ist es, jeweils den anderen beim Orgasmus zu betrachten und ihn dabei zu unterstützen. Bei einem gemeinsamen Orgasmus wird das nicht gelingen. Außerdem befreit diese Form von einer völlig unnötigen Erwartungshaltung, der Sexualakt wird freier und entspannter und damit besser und lustvoller.

9. Frauen können nur einmal

Viele Frauen scheinen generell Schwierigkeiten zu haben, ihre Orgasmusfähigkeit zu entdecken. Nur wenige Frauen sind damit gesegnet, direkt mit dem ersten Sexualverkehr ihren ersten Orgasmus zu erleben. Generell hat sowieso ein Drittel der Frauen im Alter zwischen 18 und 59 mit ihrem Hauptsexualpartner nur manchmal, selten oder nie einen Orgasmus. Ein weiteres Drittel hat immerhin meistens einen Orgasmus und ein letztes Drittel hat jedes Mal einen Orgasmus. Doch man muss davon ausgehen, dass Frauen mit Orgasmusschwierigkeiten ihre richtige Technik oder den richtigen Partner oder die Stimmung dazu noch nicht entdeckt haben. Hier sollte man auf jeden Fall weiter experimentieren, auch manuell oder mit einem Vibrator. Denn generell können Frauen bei ausreichender sexueller Stimulation mehrere Orgasmen hintereinander erleben. Sie brauchen jedoch für die Erregungssteigerung beim Intimverkehr meistens eine länger andauernde Stimulation.

10. Männer können nur einmal
Und wie ist es bei Männern? Sie haben nach dem Orgasmus eine Refraktärzeit, das ist die Zeitdauer bis zur nächsten Erektion. Normalerweise benötigen junge Männer eine Ruhepause von etwa 20 Minuten, wobei diese Zeit individuell verschieden lang sein kann. Meistens werden Männer dann aber so müde und entspannt, dass sie in den Schlaf hinübergleiten und gar nicht an eine Fortsetzung des Sexaktes denken. Zudem verlängert sich mit zunehmendem Alter die Ruhepause. Allerdings haben dafür ältere Männer den Vorteil, dass sie den Zeitpunkt ihres eigenen Orgasmus oft sehr gut ansteuern können. Auch gelingt es ihnen meistens, den Orgasmus besser hinauszögern zu können als in jungen Jahren. Nun gibt es auch multiorgastische Männer, die sofort nach dem Orgasmus eine neue Erektion bekommen und Minuten danach schon wieder zum Höhepunkt gelangen können.

Die 10 besten Filme für Mann und Frau

Experte: Jan Rüdiger Vogler, Film- und Fernsehjournalist

1. **Burn After Reading**
2. **Meine Braut, ihr Vater und ich**
3. **Die fabelhafte Welt der Amélie**
4. **True Lies**

5. Ocean's Eleven
6. Der dünne Mann
7. Der Rosenkrieg
8. Der Tod steht ihr gut
9. James Bond
10. Mr. & Mrs. Smith

Die 10 besten Geheimtipps für Städtereisen in Europa

Expertin: Anja Hauenstein, Journalistin, Weltreisende

1. **Lissabon, Portugal**
   Die Hauptstadt Portugals sollte eigentlich kein Geheimtipp sein – dennoch: Lissabon ist nur selten im Angebot der klassischen Städtetrips zu finden. Dabei ist die Stadt, von Wasser umgeben und weiß leuchtend, wunderschön und vor allem sehr widersprüchlich. Lissabon ist melancholisch und modern, faul und lebendig, heruntergekommen und herausgeputzt – und damit besonders spannend für jeden Entdecker.

2. **Sevilla, Spanien**
   Neben den 300 Sonnentagen im Jahr spricht noch etwas für Sevilla: die Lebenslust. In der Enge der verwinkelten Gassen der Altstadt mit ihren Palästen, die vom Leben des Adels in Andalusien zeugen und die auch am Abend

noch in diesem unglaublichen Licht erstrahlen, das die Sonne hier beinahe silbrig in die Stadt schickt, ist sie allgegenwärtig.

3. Nizza, Frankreich

Zugegeben, im Sommer ist Nizza heillos überlaufen und ganz sicher kein Geheimtipp. Aber außerhalb der Hauptsaison gehört Nizza den Einheimischen – und das Wetter ist trotzdem meist schön und warm genug, um alle Vorzüge der Stadt genießen zu können. Der kilometerlange Strand entlang des unglaublich blauen und sauberen Meeres ist für jeden zugänglich. Hier kann stundenlang an der endlosen Promenade entlangflaniert werden, auch wenn keine Designermode vorzuführen ist. Auch lohnt es sich, über die vielen Floh-, Obst- und Blumenmärkte zu spazieren und sich in den Gassen des alten Nizza zu verlieren, wohin sich auch im Hochsommer nur selten ein Tourist verirrt.

4. Neapel, Italien

Florenz, Siena, Verona – Italien hat so viele herrliche Städte zu bieten, warum also ausgerechnet das schmutzige, laute und scheinbar von Taschendieben übervölkerte Neapel? Ganz einfach: Müsste man einem Marsmännchen erklären, wie Italien ist, dann würde man ihn nach Neapel schicken. Und zwar nicht nur, weil hier die Pizza erfunden wurde!

5. Brügge, Belgien

Die Stadt hat sich seit dem späten Mittelalter kaum verändert. Brügge ist ein Dornröschen, das vor mehreren

Jahrhunderten in den Schlaf gefallen ist. Es ist geschmückt mit zierlichen Stufengiebeln, Türmchen und Winkelgässchen, romantischen Kanälen, Wohnhäusern mit wuchtigen Renaissancegiebeln, Butzenscheiben und Kronleuchtern in den Haupthallen und gotischen Kirchen.

6. Edinburgh, Schottland

Die Stadt trägt viele Namen: Athen des Nordens, Stadt auf sieben Hügeln oder Auld Reekie, die Verräucherte. Edinburgh führt ein Doppelleben: hier das Mittelalter, dort die Neuzeit; hier chaotisch hintereinander gestaffelte Häuserschluchten mit engen Gassen und dunklen Höfen, dort eine mit Lineal und Winkelmesser entworfene moderne Stadt mit breiten Straßen, großzügigen Plätzen und Parks, weltstädtisch mit ihren vielen Museen, Kneipen und Restaurants.

7. Weimar, Deutschland

Weimar ist deutsches Kulturgut, und das muss nicht zwangsläufig verstaubt sein. Im Gegenteil: Die Stadt macht richtig Lust auf Geschichte. Beim Rundgang durch die Altstadt begegnen einem auf Schritt und Tritt die Großen der Klassik – Goethe und Schiller –, aber auch die Bahnbrecher der Moderne: Der Belgier Henry van de Velde schuf die Großherzogliche Kunstgewerbeschule, Walter Gropius gründete hier 1919 das berühmte Staatliche Bauhaus.

8. Stockholm, Schweden
Stockholm, die schwimmende Stadt, hat 14 Inseln, 57 Brücken, einen Zugang zum Meer und ist einfach »in«. Hier ist die Mittsommernacht zu Hause, hier ist alles ökologisch wertvoll, hier gibt einem das nahe Meer und der Geruch nach Salz ein beständiges Urlaubsgefühl, es gibt die kultigsten Secondhandläden sowie die schrägsten Cafés und ein aufregendes Nachtleben.

9. Tallinn, Estland
Alte Kirchen. Pferdeäpfel auf Kopfsteinpflaster. Mittendrin in der Altstadt sitzen in den Gildehäusern altertümliche Hutmacher, Schmiede oder Schneider, die ihrer Arbeit vor den Augen aller nachgehen, Estlands Hauptstadt präsentiert sich wie im Märchenfilm.

10. Budapest, Ungarn
Mit seinen einzigartigen Jugendstil-Bauwerken, der blauen Donau, die sich mitten durch die Stadt ihren Weg bahnt, mit seinen Thermalquellen und einer herrlich gemütlichen Kaffeehauskultur kann Budapest locker mit Paris oder Wien mithalten.

Die 10 wichtigsten Verhaltensregeln bei einem Trauerfall

Expertin: Andrea Ege, Journalistin und PR-Expertin für Lifestyle, Reise, Fitness & Gesundheit

1. Kondolenzbriefe
Grundsätzlich gilt: Jeder, der eine Todesmitteilung erhält, sollte auf jeden Fall schriftlich darauf reagieren. Je nachdem, wie nah man dem Verstorbenen stand, entweder mit einer Trauerkarte oder einem Kondolenzbrief. Erstere wird einfach unterschrieben, Letztere persönlich verfasst. Die Worte müssen mit viel Gefühl gewählt werden. Meist ist die Zeit zwischen dem Tod und der Beerdigung für die Angehörigen mit viel Stress verbunden. Unzählige mündliche Beileidsbekundungen treffen in diesen Tagen ein und sind hinterher nicht mehr auseinanderzuhalten. Die schriftlichen jedoch werden oft lange nach dem Todesfall wieder hervorgeholt, in Ruhe neu gelesen und entfalten ihre eigentliche Wirkung erst dann.

2. Geldspenden
Bisweilen bitten die Hinterbliebenen statt um Blumen bei der Beerdigung um eine Geldspende für einen gemeinnützigen Zweck. Hier ist es angeraten, die Summe auf keinen Fall bar zu übergeben. Ist kein Spendenkonto angegeben, sicherheitshalber vorher nachfragen, um die Hinterbliebenen nicht vor dem Grab in eine unangenehme Situation zu bringen. Ist es für die Angehörigen akzeptabel, im Kondolenzbrief eine Geldspende zu erhalten, sollte dort auf jeden Fall »Für Blumen« stehen –

andererseits könnte der Verdacht keimen, der Schenkende wäre der Meinung, die Familie des Toten könne die Beerdigung nicht bezahlen.

3. Bekleidung

Heutzutage kommen oft nur noch die engen Angehörigen der Verstorbenen tatsächlich in Schwarz gekleidet zur Trauerfeier. Bei den Gästen werden auch andere dunkle Farben akzeptiert. Grundsätzlich gilt jedoch für jeden: Arme und Beine bedecken. Kurze Hosen und kurzärmelige Shorts gehören nicht zur klassischen Trauerkleidung – auch nicht im Hochsommer. Tiefe Dekolletés und schriller Schmuck sind ebenfalls tabu. Für Kinder ist keine Trauerkleidung nötig.

4. Blumen

Die Größe und Ausstattung eines Blumengeschenks hängt vom Verhältnis zum Verstorbenen ab – und variiert von Kränzen in verschiedenen Größen bis hin zum einfachen Gesteck. Bisweilen empfiehlt es sich, sich mit Freunden oder Kollegen zusammenzutun, um gemeinsam mit einem großen Kranz einen letzten Gruß am Grab zu hinterlassen.

5. Gottesdienst

Während des Trauergottesdienstes sind die vorderen Reihen in der Kirche für die Angehörigen der Verstorbenen. Je nachdem, wie eng das Verhältnis zum Verstorbenen war, wählt man seinen eigenen Sitzplatz für die Trauerfeier – je weiter vorn, desto inniger die Beziehung. Füllt sich die Kirche nicht bis an den Rand, sollten größere Lücken zwischen den Sitzenden allerdings vermieden werden. In diesem Fall ist ein dezentes Aufrücken der beste Weg. Erfolgt dies nicht, könnten sich die nahen Angehörigen in ihrer Trauer etwas alleine gelassen fühlen.

6. Der Weg zum Grab

Auf dem Weg zur Kirche und zum Grab regiert die Stille. Natürlich gehört es sich, während des gemeinsamen schweren Gangs, Bekannte und Angehörige dezent zu grüßen. Ein paar Worte über den tragischen Verlust entsprechen ebenfalls noch der Etikette. Längere Geschichten über den Verstorbenen oder womöglich sogar eine höfliche Erkundigung nach privaten Angelegenheiten des Gesprächspartners und sonstige Plaudereien sollten die Trauergäste in dieser Situation vermeiden. Smalltalk – welcher Art auch immer – ist ganz und gar nicht angesagt.

7. Beileidsbekundungen vor Ort

Wird in der Todesanzeige darum gebeten, am Grab von Beileidsbekundungen abzusehen, sollte man sich konsequent daran halten. Fehlt der entsprechende Hinweis in der Todesanzeige, ist der beste Weg, sich am Verhalten der Angehörigen zu orientieren. Meist stellt sich die Familie am Ende der Trauerfeier in einer Reihe am Grab auf, an der die Gäste entlanglaufen, die Hände schütteln und ihr Beileid bekunden. Beobachtet man die Trauernden, erkennt man schnell, ob ihnen eine eher wortreiche Beileidsbekundung guttut oder eher weniger. Oft reicht es, den Angehörigen still und fest die Hand zu geben und ihnen gefühlvoll in die Augen zu schauen.

Ein kleines Nicken dazu drückt aus: »Ich weiß, wie es dir geht.«

8. Leichenschmaus

Das Zusammentreffen der Gäste und Angehörigen beim Leichenschmaus dient dazu, sich gemeinsam an den Toten zu erinnern, in Erinnerungen zu schwelgen und Anekdoten zu erzählen. Lachen ist hierbei zwar nicht tabu, allzu viel Heiterkeit jedoch nicht angebracht. Wie viel Fröhlichkeit die Angehörigen in diesem Moment ertragen, hängt von den Persönlichkeiten ab und sollte auf jeden Fall respektiert werden. Ein großes Tabu: zu lange bleiben. Normalerweise dauert ein Leichenschmaus zwei Stunden. Beim Gehen ist ein persönlicher Abschied von den Angehörigen Pflicht.

9. Gespräche

»Wird schon wieder« und »Ach, vielleicht war es ja für sie/ihn besser so« gehören definitiv nicht in den Mund eines Beerdigungsbesuchers, genauso wie die mittlerweile sehr abgedroschene Floskel »Herzliches Beileid«. Fällt einem gar nichts sein, ist es angemessener zu sagen: »Mir fehlen die Worte«, als mit irgendeiner unpersönlichen Mitleidsbekundung anzukommen. Hauptthema der Gespräche nach der Beisetzung und beim Leichenschmaus sollten Verdienste, schöne Erinnerungen und unvergessliche Momente aus dem Leben der Verstorbenen sein. Fragen nach dem Befinden der Angehörigen in den vergangenen Tagen werden in den meisten Fällen als ehrliches Interesse und Mitgefühl wahrgenommen und geschätzt.

10. Nach dem Leichenschmaus

Nach dem Begräbnis schütten die Friedhofsangestellten das Grab zu und verzieren es mit den Kränzen und Blumen. Bewusst wird dies so schnell wie möglich gemacht. Der Abschied von dem Verstorbenen war für die Trauergäste und Angehörigen schon schwer genug. Der Anblick eines noch offenen Grabes ist in diesem emotionalen Zustand schwer zu ertragen. Gleichzeitig wird so den Besuchern des Leichenschmauses die Chance gegeben, sich danach noch einmal von dem Toten zu verabschieden.

Die 10 lebensfeindlichsten Inseln

Experte: Christian Kocourek aus dem sonnigen Burgenland in Österreich

1. Alcatraz: The Rock

Hätten Sean Connery und Nicolas Cage in dem Film »The Rock – Fels der Entscheidung« nicht so erbittert gekämpft und wäre Clint Eastwood als Frank Morris dem Hochsicherheitsgefängnis nicht so spektakulär entflohen, gäbe es möglicherweise keine Top-Platzierung für die Sandsteininsel in der Bucht von San Francisco. Die 85 000 Quadratmeter große US-Insel Fort Alcatraz im Bundesstaat Kalifornien beherbergt nicht nur die wohl bekannteste und berüchtigtste Strafvollzugsanstalt, sondern auch den ältesten Leuchtturm der Westküste der USA. Früher ein befestigtes Fort, dann Hochsicherheitsgefängnis, ist Alcatraz heute vor allem eine Touristenattraktion.

2. Hans-Insel

Eisiger Wind und klirrende Kälte beherrschen den vegetationslosen, von dickem Packeis umgebenen Felsen im Arktischen Ozean. Nahe dem Nordpol lockt die etwa 1,3 Quadratkilometer große Insel, benannt nach dem Grönländer Hans Hendriksen, weder Bewohner der Tier- oder Pflanzenwelt und zeigt sich von abweisender Kälte gegenüber jedem Gast. Was bringt ausgerechnet Tartupaluk, so der Name der Grönländer für dieses Eiland, auf Platz zwei dieser Liste und verschafft der Hans-Insel mehr Aufmerksamkeit als ihren kalten Geschwistern in der Arktis oder Antarktis? Die Hans-Insel ist zwar schwer zu erreichen, kann sich jedoch trotzdem nicht vor ungebetenen Gästen retten. Sowohl Kanada als auch Dänemark erhoben nachdrücklich Anspruch auf den eisbedeckten Felsen, bis im September 2005 der Konflikt bereinigt wurde und sich beide Staaten auf eine gemeinsame Verwaltung der Hans-Insel einigten. Warum aber ein politischer Eissturm wegen eines vereisten Inselchens? Aufgrund der globalen Erwärmung soll das »ewige Eis« nicht ewig währen und gibt möglicherweise bald den Weg zu unentdeckten Erdöl- und Erdgasvorkommen rund um die Hans-Insel frei.

3. White Island

White Island ist ein kreisförmiger, feuerspeiender Fels mit etwa zwei Kilometern Durchmesser, liegt in der Bay of Plenty östlich der Nordinsel Neuseelands und ist zwar unbewohnt, aber viel besucht. Den Platz unter den Top drei für Whakaari, so der Māori-Name der Insel, der so viel wie »sichtbar machen« und zugleich »dramatischer Vulkan« bedeutet, gibt es für elementare, optische Dramatik. Die einzige aktive Vulkaninsel Neuseelands bietet mit einem utopischen Spaziergang durch die Krater einer schwefelgelben Mondlandschaft, zwischen den zischenden Wolken des austretenden heißen Dampfes bis hin zum schmutzig grau schimmernden oder giftig grün schillernden Kratersee, ihren Besuchern einen unvergesslichen Anblick und ein aufregendes Abenteuer.

4. Goli otok

Das 4,7 Quadratkilometer große Eiland Goli otok, auf Kroatisch »nackte Insel«, vor der Insel Rab in der kroatischen Adria hat sich den vierten Platz in puncto Lebensfeindlichkeit als Standort von unglaublichem Terror und brutaler Gewalt erkämpft. Auch bekannt als »Titos Hawaii«, diente die heute unbewohnte Insel bis 1988 dem sozialistischen Staat Jugoslawien als Gulag für Stalinisten und Staatsfeinde, die unter schwersten Misshandlungen Arbeiten in Steinbrüchen verrichten mussten. Das verlassene Monument der unmenschlichen Grausamkeiten kann heute im Zuge eines Bootsausflugs von Touristen besichtigt werden.

5. Bikini

Das Bikini-Atoll im Pazifischen Ozean besteht aus insgesamt 23 Inseln, die zu den Marshallinseln gehören und seit 2010 zum UNESCO-Welterbe zählen. Die Insel Bikini wurde mit der Insel Eneu von US-Präsident Harry S. Tru-

man 1945 als Testgebiet für Kernwaffenversuche gewählt.
So wurde die zündende Idee des Modedesigners Louis
Réard für den Namen seines bombigen, neuen Badekostüms, »le bikini, la première bombe an-atomique«, durch
die Atombombenzündungen auf der Insel inspiriert.

6. Dschazirat Dschabal at-Tair
Auf der kleinen Insel Dschazirat Dschabal at-Tair vor der
Küste Jemens lebt seit dem Jahr 2007 nurmehr einer –
der Vulkan Dschabal at-Tair, dem für seine Aktivität
Platz sechs an Lebensfeindlichkeit gebührt. Die etwa
elf Quadratkilometer große »Vogelberginsel« ist seit
dem letzten Lebenszeichen des Vulkans, der davor über
120 Jahre ruhig geblieben war, zur Gänze von alles Leben
unterdrückenden Lavaströmen, felsigem Geröll und
grauer Asche bedeckt.

7. Hashima
Schon allein aufgrund ihres aussagekräftigen Namens
hätte sich die japanische, zur Stadt Nagasaki gehörende
Insel im Ostchinesischen Meer den siebten Platz in
diesem Ranking verdient. Als Grenzinsel oder Kriegsschiffinsel bekannt, wird sie heute im Volksmund als
Geisterinsel bezeichnet. In dem ehemaligen unterseeischen Kohleabbaugebiet lebten und arbeiteten
Bergleute und chinesische und koreanische Zwangsarbeiter dicht aneinandergepfercht und unter unmenschlichen Bedingungen. Nach der Schließung der
Werke im Jahr 1974 durchdringt heute der Gedanke an
die Ausbeutung von Mensch und Natur im Zuge einer
rücksichtslosen Industrialisierung die verfallenen, mit

Graffiti verzierten Gebäude wie schwarzer Kohlestaub. Das einem verlassenen Kriegsschauplatz ähnliche Horrorszenario wird von vielen Touristen mit Faszination und Abscheu gewürdigt.

8. Bouvetinsel

Kaum ein Ort der Erde ist so unzugänglich, gut versteckt und von Eis bedeckt wie die 58 Quadratkilometer kleine Insel aus Eis im Südatlantik. Von jedem anderen bekannten Flecken Land mindestens 2500 Kilometer entfernt, erreicht die Bouvetinsel den achten Platz in diesem Ranking vor allem wegen der spannenden Seefahrergeschichten rund um ihre Entdeckung. Das zu 93 Prozent von Gletschern überzogene Eiland wurde erstmals 1739 vom französischen Forscher Jean-Baptiste Charles Bouvet de Lazier gesichtet, entzog sich den Blicken des englischen Seefahrers James Cook bei seinen beiden Expeditionen 1772 und 1775, gab seine genaue Position unter Abwehr der Besucher durch Sturm und Packeis 1808 preis und erlaubte erst im Jahr 1822 dem Walfänger Benjamin Morrell, seinen eisigen Boden zu betreten. Seit 1930 offiziell vom norwegischen Königreich abhängig, ist die Bouvetinsel heute ein Naturschutzgebiet und frostige Heimat von Robben, Pinguinen, Seevögeln und einer meteorologischen Station.

9. Umnak

Die drittgrößte Insel von Alaskas Inselkette der Aleuten schafft Lebensfeindlichkeit durch Bündelung aller naturgegebenen Kräfte und damit den neunten Platz dieses Rankings. Drei Vulkane und acht Geysire drohen mit heißen Ausbrüchen, unentwegter Wind und andauernder, dichter Nebel sorgen für ungemütliches Wetter. Historische Erdbeben der Stärke 8,6 auf der Richterskala erschütterten bereits das Land, weckten den Vulkan Mount Vsevidof zum Leben und peitschten das Meer zu einem fünfzehn Meter hohen Tsunami auf.

10. Roca Catedral

Die Insel Roca Catedral de Peterborough kommt stellvertretend für all die kleinen, in den Weltmeeren verstreuten, isolierten Felsen auf den zehnten Platz der lebensfeindlichen Inseln, da schon der Name der Inselgruppe im Pazifischen Ozean, zu der sie gehört, Bände spricht. Die Desventuradas-Inseln gehören zum Stadtgebiet der chilenischen Hafenstadt Valparaíso, also zum »Paradiestal«, werden aber »Islas de los Desventurados«, also »Inseln der Unglücklichen«, genannt. Das Eiland Roca Catedral de Peterborough ragt als 53 Meter hoher, steiler, zerklüfteter, von Wasser umspülter Fels auf einem Meeresgrund aus schwarzem vulkanischem Sand aus dem Ozean und ist selbst mangels Süßwasserquellen eine völlig trockene Zone. Lebensraum und Heimat bietet dieses schroffe, einsame Basaltgebilde nur für etwa zehn Vogelarten, was der gefährdete, scheue Juan-Fernandez-Sturmvogel allerdings zu schätzen weiß.

Die 10 größten Fehler, die Männer beim Online-Flirten machen

Experte: Leonard Baumgardt, Autor und Online-Dating-Coach

1. **Ein langweiliges Profil haben**
   Keine Frau wird Ihnen schreiben, bevor sie sich Ihr Profil angesehen hat. Die meisten Männer denken stundenlang darüber nach, was für eine Nachricht sie einer Frau schreiben sollen – aber in die Gestaltung ihres Profils investieren sie nur zehn Minuten. Wollen Sie attraktiv wirken, muss Ihr Profil zuallererst Neugier wecken.

2. **Keine Ansprüche zeigen**
   In Ihrem Profil und in der Unterhaltung müssen Sie zeigen, dass Sie Ansprüche haben. Die meisten Männer denken da falsch: Sie glauben, sie hätten höhere Chancen bei Frauen, wenn sie ihre Ansprüche senken. Doch das Gegenteil ist richtig! Eine Frau will keinen Mann, der nicht weiß, was er wirklich will. Ein Mann, der alles duldet, verschenkt sich unter Wert. Machen Sie klar, was Ihnen wichtig ist, welche Ansprüche Sie an die Menschen stellen, mit denen Sie Ihre Zeit verbringen möchten.

3. **Sie mit »Hi, wie geht's?« anschreiben**
   Eine attraktive Frau bekommt mehr als zehn Kontaktmails pro Tag. Und in beinahe jeder einzelnen davon steht »Wie geht's denn so?«. Wenn Sie ihre Aufmerksamkeit wollen, dürfen Sie nicht denselben langweiligen Kram schreiben wie die anderen Kerle.

4. Ihr Interviewfragen stellen
Es spielt keine Rolle, was sie arbeitet oder wie lange sie noch zur Schule gehen muss. Sie wollen ja nicht ihren Lebenslauf abfragen. Sie wollen eine Verbindung zu ihr aufbauen! Anstatt nach Fakten zu fragen, erkundigen Sie sich besser nach Dingen, die ihr Spaß bereiten. Bringen Sie sie in eine positive Stimmung. Wecken Sie ihre Phantasie. Albern Sie mit ihr herum. Erinnern Sie sich, wie Sie früher im Kindergarten mit Ihren Freunden geredet haben. Und genauso können Sie es mit den Mädels online machen.

5. Sich im Gespräch nach ihr richten
Sie hangeln sich von einer Mail zur nächsten, immer in der Angst, etwas Falsches zurückzuschreiben? Hören Sie auf, das Gespräch von der Frau führen zu lassen! Wenn Ihre Mails immer nur das zum Gegenstand haben, was sie angesprochen hat, dann zeigen Sie damit, dass Sie selbst keinen Schimmer haben, wo die Unterhaltung hinführen soll.

6. Zu früh Interesse zeigen
Eine Frau will Sie nicht deshalb mehr, weil Sie ihr zeigen, wie sehr SIE sie wollen. Im Gegenteil: Frauen haben Angst vor Männern mit großen Erwartungen. Wenn eine Frau spürt, dass Sie sich schon eine gemeinsame Zukunft mit ihr ausmalen, dann wird sie auf Abstand gehen. Sie weiß, dass sie Sie noch nicht kennt. Und sie will nicht, dass sie Sie später enttäuscht, wenn sich ihre Gefühle vielleicht nicht so entwickeln, wie Sie sich erträumen.

7. Keinen Spaß haben

Die meisten Männer sind beim Flirten gedanklich immer in der Zukunft: Wenn Sie sie anschreiben, stellen Sie sich vor, wie toll es wäre, wenn sie erst antwortet. Wenn sie antwortet, stellen Sie sich vor, wie toll es wäre, wenn daraus eine Unterhaltung wird. Wenn Sie sich dann mit ihr unterhalten, stellen Sie sich vor, wie toll es wäre, wenn Sie erst ihre Telefonnummer hätten ... Und so weiter. Der Spaß am Flirten kommt nicht irgendwann. Er kommt nicht, wenn Sie irgendein magisches Ziel erreicht haben. Flirten ist ein Prozess. Genießen Sie jeden Augenblick!

8. Sich auf eine Frau fixieren

Über acht Millionen Frauen sind online – es gibt keinen Grund, immer nur einer Frau zur gleichen Zeit zu schreiben. Vergessen Sie nicht: Sie sind nicht mehr in der Schule, wo es vielleicht nur »die eine« interessante Frau gegeben hat. Sie haben eine unendliche Auswahl. Und für jede Frau, die Sie finden, gibt es Hunderte, die genauso süß sind wie sie – und Tausende, die NOCH süßer sind.

9. Nicht rechtzeitig nach der Nummer fragen

Wenn sie ein paarmal zurückgeschrieben hat und sich gerne mit Ihnen unterhält, dann erwartet sie, dass Sie nach ihrer Nummer fragen. Tun Sie es nicht, enttäuschen Sie sie – und die Unterhaltung wird abebben. Werden Sie nicht faul und ruhen Sie sich nicht aus, nur weil Sie Ihnen im Moment zurückschreibt. Zeigen Sie ihr, dass Sie ein Mann sind. Zeigen Sie ihr, dass Sie wissen, was Sie wollen. Es ist schließlich auch kein großes Ding: Dass

Menschen sich lieber mit ihrer Stimme unterhalten als über eine Tastatur, ist die natürlichste Sache der Welt. Es gibt also keinen Grund schüchtern zu sein.

10. Nicht eskalieren
Sie selbst haben es in der Hand, was für einen Eindruck Sie beim ersten Treffen vermitteln. Wenn Sie körperliche Nähe wollen, müssen Sie ihr von Anfang an zeigen, dass Sie ein Mensch sind, für den Berührungen normal sind. Die meisten Männer fassen eine Frau praktisch überhaupt nicht an und bauen damit eine unsichtbare Wand auf zwischen sich und ihr. Und dann, irgendwann, wollen Sie ihren Move machen und wundern sich, warum sie wegzuckt, wenn Sie ihren Arm um sie legen wollen. Wenn Sie das vermeiden wollen, müssen Sie von Anfang an den Mut haben, sie zu berühren. Und von da können Sie weitergehen – Schritt für Schritt.

Die 10 bestverdienenden verstorbenen Prominenten

Experte: Ingo Gatzer, Literaturwissenschaftler (M. A.) und Diplom-Kaufmann

1. **Michael Jackson, Sänger, Komponist, Tänzer und Entertainer (1958–2009)**
2. **Elvis Presley, Rock-'n'-Roll-Legende (1935–1977)**

3. Marilyn Monroe, Filmschauspielerin
   (1926–1962)

4. Charles Monroe Schulz (Comic-Zeichner
   und Erfinder der Comicserie Die Peanuts)
   (1922–2000)

5. John Lennon, Mitgründer der Beatles
   (1940–1980)

6. Elizabeth Taylor, Filmschauspielerin
   (1932–2011)

7. Albert Einstein, Physiker (1879–1955)

8. Theodor Seuss Geisel, genannt Dr. Seuss,
   Kinderbuch-Autor und Cartoon-Zeichner
   (1904–1991)

9. Jimi Hendrix, Gitarrist und Sänger (1942–1970)

10. Richard Rodgers, Komponist (1902–1979)

Alle Listen im Überblick

Business
Die 10 attraktivsten Männerberufe	107
Die 10 aussichtsreichsten Berufe fürs kommende Jahrzehnt	54
Die 10 besten Methoden, im Internet seriös Geld zu verdienen	75
Die 10 besten Tipps für eine Gehaltserhöhung	7
Die 10 blödesten Sprüche, die Ihren Chef nerven	166
Die 10 häufigsten anerkannten Berufskrankheiten	133
Die 10 scheidungsträchtigsten Berufe	32
Die 10 wichtigsten Eigenschaften eines guten Mitarbeiters	150

Essen und Trinken
Die 10 besten Blitzgerichte für den Singlehaushalt	162
Die 10 besten Promi-Sprüche zum Abnehmen	142
Die 10 effektivsten Diäten	79
Die 10 ekligsten Delikatessen der Welt	90
Die 10 hartnäckigsten Irrtümer über das Abnehmen	15
Die 10 tückischsten Zuckerfallen	66
Die 10 wichtigsten Cocktails, die man können sollte	54
Die 10 wichtigsten Schritte zum perfekten Rindersteak	114
Die 10 wichtigsten Tipps zur Lagerung von Wein	186

Freizeit und Hobby
Die 10 besten Aktivitäten für Singles an Weihnachten	191
Die 10 besten Basketballer aller Zeiten	190
Die 10 besten Fitnessübungen für zu Hause	174
Die 10 besten Gründe für einen Dackel	64
Die 10 besten Quellen für GEMA-freie Musik	220
Die 10 heißesten Saunabräuche, die nicht jeder kennt	102
Die 10 lustigsten Aprilscherze	119

Die 10 nacktesten Säugetiere	119
Die 10 schönsten Silvesterbräuche anderer Länder	158
Die 10 unglücklichsten Lottomillionäre	32
Die 10 wichtigsten Ausdrücke der Hundesprache	134
Die 10 wichtigsten Fußballregeln für Fußballunkundige	167

Gesundheit

Die 10 besten Mittel gegen Mundgeruch	200
Die 10 besten Tipps bei grauen Haaren	45
Die 10 effektivsten Anti-Kater-Tipps nach einer durchfeierten Nacht	28
Die 10 größten Naturkatastrophen, die von Menschen ausgelöst wurden	58
Die 10 häufigsten Parasiten beim Menschen	125
Die 10 populärsten Mythen der Psychologie	94
Die 10 skurrilsten Phobien	6
Die 10 tödlichsten Giftpflanzen in Deutschland	195
Die 10 widerlichsten Ungeziefer im Haus	74
Die 10 wirksamsten Hausmittel gegen Zahnschmerzen	212

Kunst und Kultur

Die 10 actionreichsten Filme, die Mann immer wieder sehen kann	133
Die 10 aufregendsten Aliens der Filmgeschichte	138
Die 10 bedeutendsten Künstler der Gegenwart	223
Die 10 bekanntesten Rock-Ladys aller Zeiten	199
Die 10 beliebtesten Werbetiere Deutschlands	183
Die 10 berühmtesten Filmstars, die nie einen Oscar erhielten	87
Die 10 berühmtesten Filmzitate aller Zeiten	21
Die 10 berühmtesten Musiker, die bei einem Flugzeugabsturz ums Leben kamen	107
Die 10 berühmtesten Serienmörder	151
Die 10 besten Filme für Mann und Frau	233
Die 10 besten Schauspieler aller Zeiten	71

Die 10 besten Western aller Zeiten 101
Die 10 bestverdienenden verstorbenen Prominenten 251
Die 10 bewährtesten lateinischen Redewendungen
für Klugscheißer 65
Die 10 blödesten Sprüche, mit denen Erwachsene
Kinder nerven 14
Die 10 geläufigsten Versprecher, die sich im
Volksmund eingebürgert haben 88
Die 10 kommerziellsten Erfolge beim Eurovision
Song Contest 173
Die 10 legendärsten Werbesprüche 39
Die 10 traurigsten Filme, bei denen Männer
weinen dürfen 58
Die 10 ungewöhnlichsten Redewendungen aus dem
Mittelalter 145
Die 10 wichtigsten Deutschen 181
Die 10 wichtigsten Opern, die man gesehen und
gehört haben muss 181
Die 10 wichtigsten Verhaltensregeln bei einem
Trauerfall 238

Liebe/Partnerschaft
Die 10 ausgefallensten Geschenkideen für Männer
zum Jahrestag 177
Die 10 ausgeprägtesten Singletypen 22
Die 10 besten Ideen für den Junggesellenabschied 50
Die 10 besten Tipps zum Küssen 139
Die 10 erfolgreichsten Flirt-Tipps 112
Die 10 größten Fehler, die Männer beim
Online-Flirten machen 248
Die 10 hartnäckigsten Mythen der Sexualität 226
Die 10 schönsten Geschenke für vielbeschäftigte Frauen 209
Die 10 schönsten Komplimente, die ein Mann einer
Frau machen kann 5

Die 10 unmöglichsten Methoden, eine Beziehung zu beenden	78
Die 10 unvergesslichsten Orte zum Heiraten in Deutschland	204

Reisen

Die 10 aufregendsten Urlaubsziele	40
Die 10 besten Geheimtipps für Städtereisen in Europa	234
Die 10 besten Surfcamps weltweit	208
Die 10 gefährlichsten Städte der Welt	198
Die 10 größten Goldförderstaaten der Welt	225
Die 10 kleinsten Staaten der Welt	49
Die 10 kultigsten Promi-Gräber	216
Die 10 längsten Nonstop-Flugrouten der Welt	157
Die 10 lebensfeindlichsten Inseln	242
Die 10 luftigsten Baumhaus-Hotels	172
Die 10 schönsten Strände an der deutschen Ostsee	25
Die 10 schönsten Strände an der deutschen Nordsee	183
Die 10 schönsten Weihnachtsmärkte Deutschlands	144
Die 10 schwersten Flugunfälle der Welt	72
Die 10 wichtigsten Dinge, die man in China nicht machen sollte	124

Weitere Listen und noch mehr Hintergrundwissen auf www.zehn.de